POSITIVE
MOTIVATION

긍정 동기부여
성취와 행복의 메커니즘

지은이
케논 쉘던

옮긴이
송단비

감수
박정효

Table of Contents

＊

Week 1
긍정 동기부여란?

Week 1
긍정 동기부여란?

긍정 동기부여에 대해 배우고자 하는 여러분, 반갑습니다. 동기부여는 심리학 연구뿐만 아니라 우리의 일상에 전반적으로 밀접하게 연관이 있는 중요한 주제입니다. 예를 들어, 아침 운동을 결심하고 잠자리에서 일어나야 할 때를 떠올려보세요. 그 순간 일어나기 싫어서 둘러댈 핑계들은 왜 그리 쉽게 떠오르는 것일까요? 우리는 나에게 도움이 되지 않는 유혹에는 쉽게 빠져들면서 우리에게 유익하고 발전이 되는 일을 실천하는 건 왜 이리 어려울까요? 이러한 질문의 답을 찾기는 쉽지 않습니다.

다행히 심리학 연구에서 이 질문에 대한 답을 찾기 위해 많은 노력을 해왔습니다. 동기부여에 관한 연구 중 최고의 성과는 바로 실제 생활에 적용하여 업무 수행이나 다른 원하는 목표를 달성하는 데 도움이 되는 방법들을 찾았다는 사실입니다. 우리는 교사, 부모, 조직 내 관리자 혹은 심리치료사로서 학생, 자녀, 부하직원 및 내담자를 어떻게 대해야 할지를 생각해볼 필요가 있습니다. 동기부여 대상자들이 스스로 정체되어 있거나 목표 미달에 그치지 않고 각자의 잠재력을 최대한 끌어올려 행동하고 발전해 갈 수 있도록 해야 합니다.

동기부여는 우리 삶에서 가장 중요한 문제를 결정하는 데에도 핵심적인 역할을 합니다. 즉, 인생의 정해지지 않은 것을 채우기 위해 우리의 시간과 에너지를 어떻게 활용할 것인가에 대해 고민해볼 필요가 있는 것이죠. 앞으로 차차 다루겠지만, 긍정 동기부여에 관한 연구를 통해 이러한 중요한 질문들에 대한 답을 얻게 될 것입니다.

일상에서 쉽게 찾을 수 있는 동기부여의 예를 들기 위해 우선 여러분이 이 과정을 시작하려고 한 동기가 무엇이었는지 잠시 생각해보기 바랍니다. 긍정심리학에 대한 단순한 호기심 때문일 수도 있고, 나 자신 또는 자녀, 학생, 직원 및 내담자들에게 동기를 부여하기 위한 유용한 정보를 얻기 위해서 시작했을 수도 있습니다. 추측컨대, 이 책을 읽고 있는 분들은 본인의 자유의사로 긍정 동기부여를 배우고자 했겠지요. 누군가 시켜서 또는 교육과정이수를 위해 여기 있는 분은 없기를 바랍니다. 결국 여러분 모두 스스로 결정하여 이 자리에 있다는 뜻입니다.

　　그럼 이와는 반대로 듣고 싶지 않은 필수과목이나 정말 싫어하는 선생님의 수업을 들을 수밖에 없어서 힘겨웠던 학창시절을 떠올려 보기 바랍니다. 적당한 예가 떠오르나요? 그렇다면 당시에 도살장에 끌려가는 소처럼 교실에 들어갔을 때 느꼈던 감정은 어떤 것이었나요? 분노? 억압받는 느낌? 어떤 감정이었든지 분명한 사실은 스스로 원해서 그 자리에 있었던 건 아니라는 겁니다. 그리고 그 당시 동기부여가 결여된 상황 때문에 생긴 결과들이 있을 겁니다. 출석을 거의 하지 않거나, 제대로 공부를 하지 않았을 수도 있고, 수업을 듣고 공부를 하더라도 건성으로 하다 보니 결국 과목을 이수한 후에도 무엇을 배웠는지 거의 기억을 하지 못하는 상황을 경험했을 수 있습니다. 살아오면서 이와 같은 경험을 한 분들이 적지 않으리라 생각됩니다. 하지만 이와는 반대로 어떻게든 적극적으로 수업 과목을 받아들이고 예상치 못한 의미와 흥미를 찾아낸 분들도 있을 수 있습니다. 심지어 그 과목의 주제가 평생 열정을 쏟을 만한 것으로 바뀐 경우도 있을 수 있지요. 이와 같은 반전은 모두 현실적으로 가능한 일이며 '긍정 동기부여'는 바로 어떻게 하면 사람들로부터 전자가 아닌 후자의 태도를 이끌어낼 것인가에 대한 학문이라고 할 수 있습니다. 이 책에서는 긍정 동기부여에 대한 최신 연구 내용을 다루게 됩니다. 긍정 동기부여는 사람들을 더 높은 생산성을 향해 다그치기 위한 것이 아니라 사람들 내면에 있는 최상의 것을 끌어내서 발휘할 수 있도록 도와주기 위한 일입니다.

　　본 과정에서 소개되는 모든 아이디어와 실천방법들은 전문가의 평가를 거친 수준 높은 심리과학 연구결과를 바탕으로 하고 있습니다. 즉, 단순히 자기계발식의 과정 또는 상식적인 정보를 종합해놓거나 변변치 않은 지루한 조언들이 늘어져 있지 않습니다. 여기에 소개되는 개념들은 심리학 분야에서 합의된 지식이며 현 이론이나 근거자료를 공정하고 균형 있게 제시함으로써 이미 전문가 평가과정을 거친 내용들로 구성되어 있습니다. 사실 가까운 서점에만 가도 자기계발서 코너에는 멋진 조언들이 넘쳐나고, 일, 교육, 심리치료와 관련해서 유행하는 제목들의 책에서 여러 가지 좋은 제안들이 나와 있습니다. 하지만 그만큼 바람직하지 않은 조언이나 생각들도 많다는 것이 문제입니다. 더 큰 이슈는 수준 높은 내용의 검증된 책과 그냥 유행에 따른 부실한 내용의 책들을 구분할 길이 없다는 점이지요. 여러분에게 필요한 것은 전문가들이 수집한 데이터를 바탕으로 검증된 과학적 조언이며 이번 과정을 통해 얻어가게 될 지식과 방법입니다.

　　　마지막으로 6주간의 과정을 함께 마치고 나면 여러분들이 동기부여 이론의 가장 중요한 개념들을 명확히 이해하고, 어떻게 하면 실제 생활이나 직장에서 효과적으로 적용할 수 있을지를 마음에 담아가길 바랍니다. 동기부여 이론은 매우 효과적이며 다양한 개념과 각각의 연관성을 이해하면 여러분의 삶이나 직장생활에서 일어나는 대부분의 문제를 해결하는 데 활용할 수 있습니다. 이를 위해 앞으로 여러분이 동기부여 개념을 적용하는 데 도움이 될 만한 구체적인 활동들을 제시할 예정입니다. 그래서 이 과정이 끝나더라도 계속 삶에 적용할 수 있도록 돕고자 합니다. 사실 이 과정은 한 주의 읽을거리 그 이상의 의미를 지닙니다. 긍정 동기부여의 내용은 정보전달의 목적도 있지만 서로 교감하고, 생각하고, 때로는 자극을 주기 위한 것들입니다. 수동적인 배움이 아닌 여러분이 읽고, 고민하고, 기술을 적용해보며, 새로운 지식을 쌓고, 간단한 글도 써보면서 적극적으로 배움에 참여해야 하는 과정입니다. 그냥 읽고 끝내는 것이 아니라 실제로 활동을 하면 할수록 더 많은 것들을 얻어갈 수 있으리라 믿습니다. 물론 부모, 상사 혹은 강사가 지켜보고 있기 때문에 참여 하는 것은 아니길 빕니다. 이제 6주간의 대장정을 시작하면서 앞으로 여러분도 이 주제에 대해 제가 느낀 흥미와 열정을 함께 공감하실 수 있기를 바랍니다.

1.1 연습하기: 이 과정에 참여하게 된 동기

1. 이 과정을 배우고자 하는 여러 가지 이유를 생각나는 대로 모두 적어보십시오.

2. 그 이유들 속에 어떤 동기들이 있었나요?

3. 그 중 어떤 동기가 여러분의 결정에 가장 큰 영향을 미쳤나요?

동기부여와 행복

긍정 동기부여와 밀접하게 관련된 기본적인 화두는 '우리가 가장 행복하고 생산적이기 위해 무엇을 할 수 있을까?'입니다. 인생은 끊임없이 이어지는 다양한 경험들로 채워지고 그 경험들의 대부분은 우리 자신이 만들어 갑니다. 어떻게 하면 우리는 동기화된 행동을 통해 최대한 행복하고 충만하며 생산적인 경험들을 만들어 갈 수 있을까요? 이것은 인류 역사상 가장 오랫동안 자문해온 중요한 주제 중의 하나입니다. 아리스토텔레스와 같은 훌륭한 철학자들은 이 질문에 대한 답을 위해 많은 글들을 남겼습니다. 근대사회에서 들어서는 개인의 성취감을 바탕으로 하는 행복이라는 목표가 미국 사회의 근간이 되어, 미국 독립선언문에도 행복추구권이 양도할 수 없는 권리로 명시되었습니다. 하지만 행복 추구는 절대 미국사회에서만 특이하게 일어나는 현상이 아닙니다. 현대에 들어서 실시한 조사에서도 행복은 아시아에서 남미까지 다양한 문화권의 사람들에게 있어서 매우 중요한 목표가 되고 있습니다. 다행히도 긍정심리학 연구에서 동기부여가 어떻게 행복과 연관되는지에 대한 답을 찾았습니다. 또한, 더 행복한 사람이 되는 데 필요한 인과 과정에 대해 명확히 이해하는 데 도움이 되는 장기간에 걸친 연구 결과도 나왔습니다. 이 연구를 통해 어디서 어떻게 심리적인 개입할 수 있을 지도 명확해졌습니다. 이번 과정에서 이 연구를 살펴보고 여러분에게 또는 여러분의 주변 사람들에게 어떤 의미가 있을지 생각해보도록 하겠습니다.

다양한 연구 결과에서 얻을 수 있는 시사점 중에 하나는 동기부여가 더 잘 되고 더욱 행복한 사람이 되기 위한 비법이나 쉬운 해결책은 존재하지는 않는다는 사실입니다. 보통 자기계발서나 다이어트 책 또는 단기간에 부자가 되기 위한 책에서 이런 것들을 알려주겠다고 말하지만 사실 효과는 거의 없습니다. 긍정 동기부여는 쉽지 않은 길이며 항상 노력이 필요합니다. 효과적인 동기부여 방법이 무엇이 있는지 조사하고, 나에게 적합한 동기부여 방법인가에 대한 고민을 해보아야 합니다. 어떤 면에서 우리는 우리 자신의 주치의와 같습니다. 환자가 자신의 시간과 에너지로 무엇을 해야 할지 진단하려고 하지요. 쉬운 일이 아닙니다. 동기부여를 지속하기 위해서는 끊임없는 노력이 필요합니다. 누구나 목표를 이루어나가는 과정에서 난관에 부딪힐 때 내려놓고 싶거나 포기하고 싶은 상황을 마주하게 됩니다. 이런 과정을 즐길 수 있다면 다행이지만 꼭 그렇지만은 않습니다. 내가 존재함으로써 도전은 계속되며 그렇기 때문에 동기부여는 반드시 필요합니다.

지나친 동기 부여

이제 이런 질문을 던져 보겠습니다. 동기부여가 지나치게 된 사람들은 어떤가요? 매일 짓누르는 강박 때문에 모든 에너지를 소진하고 심리적 욕구나 사회적 욕구를 만족시키지 못하는 일 중독자들의 경우를 어떻게 생각하나요? 현대인들 중 많은 사람들이 여기에 해당하거나 거의 유사한 생활을 하고 있는 건 아닐까요? 인간의 스트레스 수준이 점점 높아지고 있다는 연구 결과는 이미 잘 알려진 사실입니다. 삶의 속도가 빨라지고 직장생활의 강도가 높아짐에 따라 사회적으로 요구되는 지나친 동기부여를 윤리적으로 생각해봐야 할지도 모르겠습니다. 어쩌면 더 많은 동기부여를 위해 노력하기보다는 동기부여를 더 적게 하도록 애써야 할지도 모릅니다.

우리의 삶에서 가끔은 아무런 동기부여를 하지 않는 것이 필요할 때가 있습니다. 예를 들면 해변에 누워 쉬거나 스트레스를 많이 받은 날 집에서 아무것도 하지 않고 휴식을 취할 때가 그렇지요. 하지만 최근 '번아웃 증후군'이라 불리는 심리적 소진의 문제는 대부분 사람들이 지나치게 동기화되어서 발생한다기보다는 잘못된 목표에 동기부여를 했거나, 잘못된 동기로 옳은 일을 하고 있는 경우, 다른 중요한 목표를 제쳐두고 불균형적으로 한가지 동기만을 추구할 때 일어날 수 있습니다. 이러한 예외적인 경우를 제외하고 우리 삶의 대부분의 경우에는 목표를 찾아 추구하는 것이 우리의 삶에 더 유익하다고 연구 결과에서는 밝히고 있습니다.

1.2 되돌아 보기

나는 지나치게 동기부여를 하고 있는 사람인가?

1. 매일매일 하는 일상적인 일을 떠올려 보고 이 일을 하는 여러분의 동기가 무엇인지 생각해보십시오. 가장 강한 동기를 가지고 하는 일들을 아래에 적어보세요.

2. 그 중에서 지나치게 동기부여를 하고 있다고 생각이 드는 일이 있나요? 그 이유가 무엇이라고 생각하나요?

3. 주변 사람들은 어떤가요? 친구, 가족, 동료들 중에 어떤 일에 지나치게 동기부여를 하고 있는 경우가 있나요? 그렇다면 그 이유는 무엇이라고 생각하나요?

동기가 있는가 없는가? 무엇에 대해, 왜, 어떻게 동기부여를 해야 할까?

이제 동기의 유무(whether), 동기부여의 목표(what), 이유(why), 방법(how)에 대한 몇 가지 공식적인 학문 용어들을 살펴보도록 하겠습니다. 이 4가지 사항은 긍정심리학에서 다루는 중요한 특징 및 연구 주제들과 연결되어 있고 동기부여 연구에서는 보다 일반적으로 적용되는 용어들입니다. 동기의 유무(whether)는 본인이 'X'라고 하는 특정 일을 하고 싶은 마음이 있는지 없는지를 다룹니다. 즉, '예', '아니오'로 답할 수 있는 사안이죠. 마음이 없다면 당연히 어떤 행동도 따르지 않겠지요. 여러분에게 '마음이 내키지 않아서 행동으로 절대 옮기지 않을 만한 일'은 무엇인가요? 개인적으로 저는 번지 점프나, 말 타기, 오토바이 사기 등이 이런 일에 해당됩니다. 이렇게 전혀 하고 싶지도 않고, 해볼 생각도 없는 상태를 '무동기 상태'라고 합니다. 의욕이 없는 무동기 상태는 우리가 무언가를 하고 있는 상황에서도 존재할 수 있는 마음 상태입니다. 짐작하시겠지만, 무동기 상태는 치명적인 심리적 증상으로 많은 학생, 직장인 및 운동선수들이 이 문제 때문에 괴로워합니다. 무동기 상태는 보통 성공할 수 있는 능력이 별로 없다고 예상될 때 발생할 수 있으며, 열심히 노력하는 가운데에서도 무기력해지고 절망하게 됩니다.

하지만 여러분이 함께하고 있는 이 책의 내용은 긍정 동기부여라는 사실을 잊지 말아야 합니다. 우리는 무기력감이나, 절망감, 우울함에 초점을 맞추지 말고 거의 모든 상황에서 성공 가능성과 함께 어느 정도 합당한 동기가 존재한다는 점을 전제로 생각해보겠습니다. 자, 이제 우리가 생각해봐야 할 문제는 바로 '어떤 종류의 동기가 가장 좋을까?'입니다.

두 번째 동기부여의 목표(what)는 목표 활동 혹은 동기를 가지고 하고자 하는 일을 말합니다. 이런 일들도 나열해보라고 하면 줄줄이 읊을 수 있을 겁니다. 긍정심리학에서 보면 이 목표(what)의 문제는 '본질적으로 다른 것들보다 더 건전하고 유익한 활동들이 있을까'라는 질문과 연결되어 있습니다. 축구경기에서 이기기, 책임감 있는 아이 키우기, 회사에서 자금 횡령하기와 같은 각각의 목표들은 심리적 건강과 동기 면에서 어떤 차이가 있을까요? 또한, 친밀감, 공동체, 개인의 성장과 같은 내재적 동기가 돈, 명성, 외모와 같은 외재적 동기보다 더 유익할까요? 인간은 본능적으로 내재적 목표와 가치를 추구하게끔 되어있고 내재적 목표를 추구할 때 감정적으로 유익한 경향이 있습니다. 하지만 내재적 목표들은 외재적 목표들에 쉽게 현혹되기도 합니다. 개인적, 문화적 역할모델이나 광고 및 미디어의 영향으로 내재적 목표들이 외재적 목표들로 방향을 바뀌어 결국 역효과를 일으키는 정서-조절 전략으로 전환되는 것이지요. 이 주제는 추후에 더 상세히 다루도록 하겠습니다.

　　다음은 동기부여의 이유(why)로 왜 'X'라는 일을 하기로 결정했는지, 왜 'X'라는 목표를 추구하기로 하였는지에 대한 내용입니다. 즉, 동기부여 에너지를 왜 이런 식으로 쓰기로 했는지를 묻는 것이지요. 이유(why)에 대해서 생각해볼 수 있는 몇 가지 흥미로운 방법들이 있습니다. 그 중 하나는 심리학자 에드워드 데시와 리차드 라이언이 제시한 '자기결정이론'입니다. 본 과정의 2주차 주제이기도 한 자기결정이론은 동기가 내재적인지 외재적인지를 확인해보는 내용입니다. 예를 들어, 새로운 분야의 공부를 하거나 직장에서 일을 할 때 의무감이나 처벌에 대한 두려움과 같은 외재적 동기만으로 자신이 움직이게 되나요? 아니면 새로운 공부나 일들이 본질적으로 의미가 있고 흥미로우며 가치 있는 일이기 때문에, 즉 내재적 동기로 이런 행동을 하게 되는 것인가요?

　　동기부여의 이유에 대해 생각해볼 수 있는 또 다른 방법은 목적들이 서로 잘 맞는지를 생각해보는 것입니다. 'X'라는 목표를 추구하려는 동기가 더 높은 목표와 목적을 위한 것은 아닌가요? 예를 들어, '긍정 동기부여'를 배우는 이유가 좀 더 능력 있는 강사 혹은 심리치료사가 되어 다른 이들의 삶의 행복에 도움이 되고자 하는 더 높은 목표 때문은 아닌가요? 이 주제는 3주차에 다루게 될 것입니다. 동기부여 이유를 생각해볼 수 있는 또 다른 방법은 우리 스스로 능력을 지니고 있다고 말하는 '자아 이론'입니다. 예를 들어, 여러분은 '숙달 이론'이나 '증진 이론'에서 말하듯이 재능과 능력이 개발될 수 있으며 노력으로 향상될 수 있다고 믿나요? 아니면 '불변 이론'에서처럼 능력은 타고 나는 것이며 바꿀 수 없다고 생각하시나요? 후자인 '불변 이론'을 믿는다면 새로운 기술을 습득하거나 숙달하기 위해서 노력하기보다는 내가 가진 능력을 다른 사람에게 증명하는 데 매달려 있을 것입니다. 안타깝게도 불변 이론을 믿는 사람들은 불가피한 어려움이 닥쳤을 때 무동기 상태에 빠지기 쉽습니다. 반면 숙달 이론을 믿는 사람들은 그렇지 않습니다. 이 주제는 4주차에 더 자세히 살펴보도록 하지요.

이제 마지막으로 동기부여를 어떻게 이끌어내야 하는지 동기부여의 방법(how)에 대한 문제가 남아있습니다. 이는 우리가 특정 목표에 접근할 때 활용하는 구체적인 도구, 기술, 단계 및 계획 혹은 어떠한 연속적 과정을 의미합니다. 아무리 긍정적인 목적으로 긍정적인 목표를 세운다 하더라도 이를 성취할 길이 없다면 아무 소용이 없을 것입니다. 또한, 목표 설정에 들인 노력이 종종 실패로 끝나 버리기도 하는데, 그 이유는 사람들이 적절한 동기부여 수단이나 지원, 혹은 피드백을 받지 못하기 때문입니다. 이 주제는 3주차에서 소개할 예정입니다. 목표와 동기를 계획하고 실행하는 데 필요한 기술 중 실험에 의해 검증된 방법들을 다양하게 제시하고자 합니다.

동기부여에 관한 4가지 질문

1. 어떤 목표를 추구하기 위해 행동하고 노력하고 싶은 마음, 다른 자원을 끌어들이고 싶은 마음이 어느 정도 드는가? 그 목표에 대한 동기가 있는지 없는지를 판단해보십시오.
2. 동기를 가지고 추구하고자 하는 바는 무엇인가요? 목표 혹은 원하는 결과는 무엇인가요?
3. 그 목표를 추구하는 이유는 무엇인가요?
4. 어떻게 그 목표를 달성하려고 하나요?

1.3 연습하기: 동기부여의 4가지 질문 직접 적용해보기

현재 노력하고 있는 거창한 목표를 하나 떠올려 보십시오.

-그 목표를 추구하는 데 어느 정도 동기부여가 되어있나요? 즉, 실천하고, 노력을 더 쏟고, 다른 자원들을 끌어오고 싶은 의욕이 어느 정도 있나요? 동기부여가 되었는지 그렇지 않은지를 판단해보십시오.

-무엇이 동기가 되어 그 목표를 추구하게 되었나요? 그 목표 혹은 원하는 결과는 무엇인가요?

-그 목표를 추구하는 이유는 무엇인가요?

-어떻게 목표를 달성하실 계획이신가요?

큰 그림 보기: 긍정심리학과 인본주의 심리학

동기부여에 대한 더 큰 그림을 함께 보도록 하겠습니다. 앞에서 제기된 많은 질문과 문제들은 긍정심리학이 처음 등장했을 때부터 시작되었습니다. 우선, 여러분 중에는 자아실현(self-actualization), 자아일치성(self-congruence), 참 자아 분별(the discernment of the true self)과 같은 개념들이 인본주의 심리학의 영향을 받은 것 같다고 느꼈을 수 있습니다. 사실 긍정심리학은 인간의 행복과 최적의 삶을 위한 조건들을 이해하려고 했던 이전의 심리학 흐름을 바탕으로 발전되어 왔습니다. 긍정심리학은 아브라함 매슬로우, 칼 로저스, 롤로 메이와 같은 유명한 인본주의자들이 쌓아놓은 지식들의 일부도 근간으로 삼고 있습니다. 가끔은 이것이 약간의 지적 다툼을 일으키는 논란거리가 되기도 합니다. 일부 현대 인본주의 심리학자들은 긍정심리학자들이 이미 있는 것을 재생한 것뿐이며, 유사한 주제를 이미 개척한 다른 이들의 공을 인정하지 않고 있다고 비난합니다. 사실 이 둘 사이의 차이가 무엇인가가 중요한 것이지, 양쪽 학자들 중 누가 먼저 이 분야에 깃발을 꽂았는지는 중요한 문제가 아닙니다.

새로 등장한 긍정심리학과 이전의 인본주의 심리학의 주요한 차이는 긍정심리학은 엄격한 심리과학을 바탕으로 하고 있으나 인본주의 심리학은 그렇지 않았고 지금도 그렇지 않다는 점입니다. 인본주의자들이 측정척도나 실험조작 및 지식의 성향 등과 같은 이유 있는 우려를 제기하고 있기는 하지만 긍정심리학에서는 이러한 우려에 개의치 않습니다. 휴머니즘의 전성기가 이미 오래전에 지나갔고 그 동안 심리 측정척도와 통계 분석은 놀라울 정도로 발전하였습니다. 긍정심리학 연구자들은 이런 기술적 발전을 활용하여 인본주의자들의 최고 이론들을 더 발전시켰고 결국 모든 이론들을 신뢰하는 데 필요한 과학적 검증을 해냈습니다.

이와 같이 검증된 이론과 실험이 심리학에서는 필요합니다. 아시다시피 아브라함 매슬로우의 '욕구단계이론'은 아주 잘 알려진 이론으로 심리학이 전공이 아닌 보통 사람들도 알고 있으며 아직도 모든 심리학 개론서에서 다뤄지고 있습니다. 매슬로우의 이론에 따르면 우리는 음식과 안전과 같은 가장 낮은 단계의 욕구가 채워지면 그 다음은 관계 및 자존감과 같은 더 높은 단계의 욕구가 생기고 그 욕구가 채워지면 매우 소수의 사람만 달성할 수 있는 자기실현이라는 욕구의 단계로 넘어가게 된다고 합니다. 하지만 매슬로우의 욕구단계는 실험적으로 검증은 거의 되지 않았다고 할 수 있습니다. 많은 사람들이 더 높은 가치중심의 욕구를 추구하기 위해 자신의 낮은 물질적 욕구를 희생하기도 하고 낮은 단계의 욕구가 채워지면 더 이상 높은 단계의 욕구를 추구하지 않는 사람들도 있습니다. 이 두 가지 경우 모두 매슬로우의 이론에서 예상하지 못한 상황이지요. 6주차에는 현재 심리적 욕구에 관한 이론 중 가장 유명한 이론인 자기결정이론을 다루도록 하겠습니다. 자기결정이론은 매슬로우의 욕구이론을 대체할 만한 현대 이론이라고 할 수 있으며 이를 살펴봄으로써 그 이전의 아이디어와 이론들을 모두 종합해보도록 하겠습니다. 자기결정이론에서는 마치 건강을 위해서 모든 사람들에게 필요한 다양한 영양소가 채워져야 하듯이 심리적으로 가장 건강하기 위해서 어떤 특정 심리욕구는 필수적으로 채워져야 한다고 말합니다. 모든 긍정적 동기의 공통점은 진화과정에서 인간의 정신에 새겨진 기본적인 욕구들로부터 생겼다는 점과 이러한 욕구를 만족시키는 데 도움이 될 수 있다는 점입니다. 이 사실을 염두에 두면 어떤 새로운 상황에서도 행복하게 살아갈 수 있고 다른 사람들의 행복도 증진시킬 수 있는 길이 보일 수 있습니다.

W1 핵심포인트

- 이번 주에는 여러분이 과거에 억지로 들었던 수업에서의 '외부의 동기'와 현재 이 코스에 참여하고자 하는 '긍정적 동기'를 대조해 보았습니다.
- 그리고 동기부여 이론의 4가지 기본 질문을 살펴 보았습니다. '동기가 있는지 없는지, 동기의 목표는 무엇인지, 왜 그 동기를 가지게 되었는지, 그 동기 부여를 어떻게 할 것인가?'를 생각해보았습니다.
- 끝으로 긍정심리학과 동기에 관한 인본주의 이론 사이의 관계를 짚어보았습니다. 긍정심리학은 과학적 방법을 거부하지 않고 적극적으로 받아들여 최고의 과학적 방법을 이용해 최고의 인본주의 이론의 일부를 검증해 내고 있습니다.

본 과정을 통해 무엇을 얻을 수 있는가?

'긍정 동기부여' 과정의 목적은 여러분의 동기와 다른 사람들의 동기에 대해 더 잘 이해할 수 있도록 돕는 것입니다. 2주차에는 자기결정이론과 동기의 목표와 이유를 분석하는 데 효과적인 개념들을 짚어보는 시간을 갖겠습니다. 3주차에는 개인의 목적단계를 살펴봄으로써 동기부여의 이유와 방법을 다른 각도에서 생각해보도록 하겠습니다. 4주차에는 목표달성이론을 통해 동기부여의 이유를 다시 고려한 후 접근동기와 회피동기 사이의 중요한 차이를 돌아보고 수행동기와 숙달동기, 불변이론과 증진이론도 비교해보겠습니다. 5주차에는 타인에게 동기부여를 하는 주제로 넘어가서 스스로 동기부여를 할 수 있도록 어떻게 도울 수 있을지를 생각해 보려고 합니다. 마지막으로 6주차에는 심리적 욕구의 특징을 살펴보면서 그 동안 다루었던 것들을 종합하는 시간을 갖도록 하겠습니다.

개념에 대한 지식과 더불어 본 과정을 통해 여러분에게 적합한 목표를 세우고 선택하는 방법에 대해 새로운 통찰력을 얻어가시길 바랍니다. 또한 그 목적을 달성하는 명확한 기술과 방법들을 익히고 다른 이들이 더 나은 성과와 발전을 이룰 수 있도록 동기부여의 기술과 조언들도 배워가시길 바랍니다. 마지막으로, 여러분 자신과 타인의 심리적 욕구를 더 잘 이해하고 여러분과 다른 이들의 동기와 행복을 위해 심리적 욕구들이 만족되는 것이 얼마나 중요한지도 함께 이해하실 수 있었으면 좋겠습니다. 안타깝게도 이러한 결과를 확실히 보장해드릴 수는 없습니다. 저도 역시 이런 아이디어를 제 삶에 적용하는 법을 배워가고 있고 때로는 매우 느리게 진척이 되기도 합니다. 다만 말씀드릴 수 있는 것은 이 과정에서 여러분이 쏟은 노력과 시간에 비례해서 무언가를 얻어가실 수 있으리라는 점입니다.

이 과정에서 정식으로 내드리는 숙제가 두 가지 있는데 이는 여러분이 배운 것을 보여줄 수 있는 기회가 될 것입니다. 두 가지를 통과해야 본 과정을 수료하실 수 있습니다. 첫 번째는 3주차 후에 3가지 질문에 대해 간단한 글을 쓰는 숙제입니다. 두 번째는 과정 마지막에 있는 600자 정도의 조금 더 긴 글을 쓰는 것 입니다. 하지만 너무 긴장하실 필요는 없습니다. 여러분은 이미 명석하고, 경험이 많으며 동기부여가 되었기 때문에 잘하실 수 있을 거라 믿습니다.

1.4 다음 주를 위한 준비

이 과정에서 이루고 싶은 개인적인 목표를 두 가지만 떠올려 보고, 그 목표들의 동기가 무엇인지 생각해보십시오. '매주 해당하는 내용 읽어오기'와 같이 단순한 목표도 좋습니다. 또, 여러분의 일이나 가족 등 삶의 영역에서 필요한 두 가지 목표도 세워보기 바랍니다. 현재 삶에서 어려움을 겪고 있는 문제에 대한 목표도 괜찮습니다. 그리고 이 목표들을 추구하고 싶은 동기는 무엇인지 생각해 보십시오. 그래서 다음 시간에는 4개의 목표를 머릿속에 담아 오시기 바랍니다.

Week1 읽을 거리

Ryan, R. M., & Deci, E. L. (2000). Self-determination theory and the facilitation of intrinsic motivation, social development, and well-being. *American Psychologist, 55,* 68-78. Available from:

http://www.psych.rochester.edu/SDT/documents/2000_RyanDeci_SDT.pdf

자기결정이론과 본 코스에서 다룰 동기부여의 핵심 개념 일부를 비교적 쉽게 잘 풀어서 소개하는 자료입니다.

Sheldon, K. M. (2005). *Optimal human being: An integrated multi-level perspective.* Mahwah, NJ: Erlbaum.

1장을 읽어 보십시오. 여기서 최적의 인간에 대한 소개와 본 코스에서 다룰 내용의 전반적인 개요와 맥락을 설명해주고 있습니다.

Week 2
동기부여의 이유와
목표 이해하기
: 자기결정이론

동기부여의 이유와 목표 이해하기
: 자기결정이론

지난 주에 우리는 여러분이 '긍정 동기부여'를 배우고자 하는 동기와 과거에 억지로 들었던 수업에서의 동기를 비교해봄으로써 긍정적 동기와 그렇지 못한 동기를 대조해보았습니다. 그리고 동기부여 이론의 4가지 기본 질문을 살펴보았습니다. '동기가 있는지 없는지, 동기의 목표는 무엇인지, 왜 그 동기를 가지게 되었는지, 동기 부여를 어떻게 할 것인가?'를 생각해보았습니다. 끝으로 긍정심리학과 동기에 관한 인본주의 이론 사이의 관계를 짚어보았습니다. 긍정심리학은 과학적 방법을 거부하지 않고 적극적으로 받아들여 인본주의 이론 일부를 검증 혹은 더 발전시키고 있음을 확인했습니다. 1주차 끝에 제가 향후 몇 주간 추구할 4가지 다른 목표를 생각해보라고 했습니다. 2가지는 본 과정과 관련된 목표를 나머지 2가지는 개인 생활이나 직장에서 달성하고 싶은 목표를 설정하는 것이었습니다. 혹시 아직 못하신 분이 있다면 지금 잠시 시간을 가지고 생각해보시기 바랍니다.

2.1 확인: 아직 앞에 '1.4 다음 주를 위한 준비'에 나온 목표 설정 과제를 하지 못하신 분은 다시 돌아가서 지금 해주시기 바랍니다. 2주차와 그 이후 과정을 진행하는 데 필요한 단계입니다.

이번 주에는 동기부여에 대한 이론 중에서 가장 잘 연구되고 가장 널리 인정받고 있는 자기결정이론을 소개하려고 합니다. 지난 주 '1주차 읽을 거리'에 소개해 드린 자기결정이론에 관한 자료들을 읽어볼 기회가 있으셨기를 바랍니다. 심리학자 에드 데시와 리치 라이언에 의해 고안된 자기결정이론은 주로 동기부여의 목표(What)와 이유(Why)를 설명하고 있으며 긍정적 동기와 그렇지 못한 동기의 개념을 효과적으로 제시하고 있습니다. 자기결정이론은 1970년대 초부터 심리학계 연구에서 오랫동안 회자되었습니다. 대부분의 이론들이 금방 사라지는 걸 감안하면 흔치 않은 일입니다. 자기결정이론을 적용하고 개발하는 학자들은 매년 점점 늘고 있습니다. 2007년도 토론토에서 열렸던 자기결정이론 회의에는 전 세계 23개국에서 300명 이상의 학자들이 참석했을 정도입니다. 자기결정이론은 인본주의적 동기 이론과 유사점이 많긴 하지만 자기결정이론은 양질의 실험과 응용 연구 및 장기간에 걸친 연구 데이터를 바탕으로 개발되었으며, 최고의 전문가 검증을 거쳐 학술지에 게재된 내용들입니다. 즉, 여러분이 신뢰할 수 있는 지식이며 활용할 수 있는 지식이라는 뜻입니다. 자기결정이론은 어떻게 하면 가장 잘 동기부여가 될 수 있을 것인가를 다루는 이론이며 이를 이해하게 되면 여러분뿐만 아니라 타인의 동기를 이해하고 인정하며 타인을 가장 잘 동기부여를 할 수 있는 여러 가지 방법 습득할 수 있을 겁니다. 또한 팀이나 클라이언트, 학생들의 생산성 향상에도 도움이 될 수 있습니다. 이번 주에 이 중요한 연구에 대한 새로운 용어와 실질적인 응용방법에 대해서 소개를 하도록 하겠습니다. 특히 4가지 동기인 내재적 동기, 확인된 동기, 부과된 동기, 외부의 동기에 대해 다루게 될 것입니다.

내재적 동기의 중요성

자기결정이론은 내재적 동기의 개념을 기본으로 하고 있습니다. 여기서 내재적 동기란, 무언가를 경험 그 자체로 하고 싶어하는 마음이라고 할 수 있습니다. 내재적 동기는 어디서나 찾아볼 수 있습니다. 퍼즐놀이를 할 때, 사랑을 나눌 때 혹은 정원 가꾸는 기술을 익힐 때, 흥미로운 프로젝트에 몰입해 있을 때 등 다양한 경우가 있습니다. 내재적 동기는 갓 태어난 아기가 세상에 대해서 배우려고 할 때 가지게 되는 동기로 유아 때부터 청소년기를 거쳐 노인이 될 때까지 사람들의 인지발달을 촉진시키는 역할을 합니다. 내재적 동기가 있을 때, 우리는 온전히 집중하게 되고 현재 내가 가진 능력의 한계를 넘어 종종 '몰입'의 상태에 이르게 됩니다. 새로운 피아노곡을 배우거나 막상막하의 테니스 경기를 이기기 위해 노력할 때와 같이 최상의 도전 상황에 완전히 몰두해 있는 상태이지요. 내재적 동기는 우리 삶을 살맛 나게 하는 데 큰 부분을 차지하고 있습니다.

자기결정이론을 제시한 에드워드 데시는 내재적 동기가 쉽게 약해지거나 꺾일 수 있다는 사실을 발견한 최초의 학자 중 한 명입니다. 이와 관련하여 흥미로운 실험을 진행했습니다. A그룹에는 퍼즐을 맞출 때마다 1달러씩 주기로 했고, B그룹에는 아무런 보상을 하지 않았습니다. 그 결과, 아무런 보상 없이 퍼즐 맞추기를 즐긴 B그룹이 훨씬 더 많은 흥미를 느꼈고, 몰입도, 창의성, 문제 해결 측면에서 높은 점수를 얻었습니다. 반면, 1달러씩 돈을 받던 A그룹은 처음엔 퍼즐 맞추기에 열중하는 듯했으나 보상을 없애자 흥미를 곧 잃어버리고 몰입하지 못했습니다. 즉, 돈이라는 외부 보상이 아닌 퍼즐 맞추기 자체에서 얻는 즐거움이 더 뛰어난 성과로 이어지게 된 것이죠. 이는 사람들은 강화된 행동을 더 많이 하고 싶어 한다고 주장하는 '스키너 박스'의 행동주의 관점에서 설명하기 어려운 현상입니다. 작가 알피 콘의 말을 빌리면 사람들은 종종 '보상이 벌'이 되는 상황을 겪는다고 할 수 있습니다. 내재적 동기를 해치는 요소는 대가 지불뿐만 아니라 마감일, 엄한 상사, 강압적인 목표 그리고 부당한 규칙들도 있는데 이런 요소들이 뭔가를 할 때 느끼는 즐거움을 반감시키는 것으로 나타났습니다.

이러한 결과들을 놓고 보면 한 가지 중요한 의문이 떠오릅니다. '과연 사람들이 일상적인 활동을 즐겁게 하는 것이 과연 중요한가?'의 문제이지요. 예를 들어, 직원들이 직장에서 행복한지를 신경 써야 하나요? 학생들이 수학 숙제를 신나게 하고 싶어 하는지 아닌지가 중요한가요? 본인이 하고 싶어서 바이올린을 배우는 것과 부모님에게 등 떠밀려서 배우는 것에 차이가 있을까요? 이 모든 질문들의 답은 '네! 그렇습니다'입니다. 수많은 연구에서 내재적 동기는 다양한 혜택을 가져 온다고 밝혀졌습니다. 연구에 따르면, 내재적 동기가 있을 때 새로운 지식을 가장 많이 배우고 통합시킬 수 있으며, 어려움이 있을 때 가장 끈기를 가지고 새로운 돌파구를 찾아 이겨내는 모습을 보여준다고 말합니다. 이렇게 내재적 동기와 긍정심리학은 자연스럽게 이어지게 됩니다. 교사 또는 조직 내 관리자로서 학생들과 직원들이 스스로 일을 즐길 수 있도록 도우면 이들이 더 효과적이고 생산적인 결과를 낼 수 있다는 사실만큼 기쁜 일이 있을까요? 이러한 결과는 교사들이 가르칠 때, 부모들이 자녀를 양육할 때, 상사들이 부하 직원들을 대할 때 어떻게 해야 하는가에 대해 의미하는 바가 큽니다. 즉, 내재적 동기가 없을 때는 긍정 동기부여를 불러일으키고 내재적 동기가 있을 때는 긍정 동기부여를 유지할 수 있도록 하는 것이 중요하다는 것이죠.

여러분이 이 과정을 듣게 된 동기와 학창시절 듣기 싫은 과목을 억지로 들었을 때의 동기를 비교해보면 아마도 전자의 경우에 내재적 동기가 많고 후자에는 거의 없음을 알 수 있을 겁니다. 왜 이렇게 차이가 날까요? 자기결정이론에 따르면 고등학교 때 수업을 들으면서 느꼈던 통제나 억압, 혹은 매수 당한 느낌으로 인해 내재적 동기를 잃었을 수 있습니다.

2.2 되돌아 보기: 이전의 교육에서 겪은 경험

학창시절이나 대학시절의 경험과 여러분이 가장 즐겁게 들은 수업과 가장 즐겁지 않았던 수업을 떠올려 보세요. 각각의 수업을 들을 때 여러분의 동기는 무엇이었나요? 그 동기에 영향을 준 요소들은 무엇이었나요? 질문들의 답을 한 번 적어보세요.

확인된 동기의 중요성

학창시절 문학, 화학, 체육 등 어떤 과목이든 여러분이 싫어하는 과목을 즐겁게 하기는 어려웠을 겁니다. 하지만 싫어하는 과목에서 어떤 내용이 중요하다는 걸 알게 된 경우가 있진 않나요? 예를 들어, 여러분이 중학교 3학년 때쯤 원래 싫어하는 수업에서 건강과 관련된 내용을 다뤘다고 합시다. 비록 학기 내내 지루하기는 했지만 수업에서 유용한 정보를 배우고 몇 가지 유익한 습관을 새롭게 습득했을지도 모릅니다. 그리고 여러분은 배울 만한 것들이 있음을 깨닫고 수업이 재미있어서 배우고 싶은 마음이 드는 '내재적 동기'의 수준은 아니어도 유익한 정보로 인해 학습해보고 싶은 동기가 생겼을 수 있습니다. 이런 미묘한 차이로 전혀 다른 종류의 동기가 나타나게 됩니다.

'확인된 동기'는 자기결정이론을 진전시키는 데 매우 중요한 역할을 합니다. 1980년대에 '확인된 동기'에 대해 인지하면서 '내재적 동기' 이외에도 긍정적 형태의 동기가 있을 수 있다는 사실을 알게 됩니다. 결국 모든 중요한 활동들이 원래 재미있는 것은 아닐 수 있습니다. 자격시험을 준비하거나 프로젝트를 위해 야근을 하거나 다이어트를 하는 등의 활동은 재미있지는 않지만 이런 활동을 해야 한다는 사실에 공감하면서 내적 저항 없이 기꺼이 할 수 있습니다. '내재적 동기'에 이어 소개할 두 번째 긍정적 형태의 동기는 자기 스스로 결정하여 얻은 '확인된 동기'입니다. 내가 그냥 즐겁게 할 수 있는 원래 재미있는 활동은 아니더라도 그 가치를 인정하고 그것이 내면화되어 이를 자발적으로 기꺼이 할 수 있게 되는 것이지요. 직장에서 보면 '확인된 동기'를 가진 직원들은 일이 지루하고 힘들어질 때라도 계속해서 그 일을 해나갈 수 있습니다. 또한 본인이 하고 있는 일이 중요하다고 믿기 때문에 이렇게 '확인된 동기'를 가진 이들은 자발적으로 조직의 소속감을 가지고 자신이 맡은 일 이상의 일도 책임감 있게 해냅니다.

하지만 안타깝게도 '내재적 동기'와 마찬가지로 '확인된 동기'도 통제하려는 외부의 압박과 개입에 의해 사라질 수 있습니다. 예를 들어 여러분이 속한 정치활동단체의 장이 어이없는 사람이라면 여러분은 더 이상 그 단체 활동에 참여하지 않거나 아예 그 정당 자체에 대한 지지를 철회하고 싶어질 수 있습니다. 직장에서 직속 상사가 매우 불쾌하고 지나치게 강압적인 사람일 경우, 여러분은 회사 전체가 싫어지기 시작할지도 모릅니다. 여러분은 부정적이고 간섭이 심한 상사들을 겪어보신 경험이 있을 겁니다. 그리고 이런 상사를 대할 때마다 순식간에 동기가 꺾이는 것도 경험하게 되지요. 특히나 '확인된 동기'를 가진 사람들, 즉 일이 항상 즐거운 건 아니더라도 자신의 일의 가치를 소중히 생각하는 사람들에게 이러한 상황은 치명적일 수 있습니다. '확인된 동기'를 가진 사람들에게는 자신이 하고 있는 일이 얼마나 가치 있는 일인지를 상기시켜주는 것이 필요합니다.

하지만 긍정적인 면은 '확인된 동기'를 북돋아줄 수 있는 방법도 있다는 사실입니다. 자율성을 지지해주는 상사가 부하직원들에게 일을 지시할 때 "이 일이 지루한 작업처럼 보인다는 것 압니다"라며 직원들의 입장을 공감해서 말하고, "우리 회사의 경쟁력에 매우 중요한 일입니다"라며 업무가 필요한 이유와 의미를 알려주며, 언제 어떻게 이 일을 마칠 것인지에 대해 가능한 선택사항을 많이 제시하면 충분히 가능한 일입니다. 자율성을 지지해주는 상사들은 직원들이 맡은 업무를 할 수 있을 거라고 믿고 각자에게 합리적인 방식으로 그 일을 할 수 있도록 격려와 자유, 융통성을 주기 위해 노력합니다. 물론 자율성을 존중하는 상사라고 하더라도 관리자로서 직원들이 낸 최종 결과의 수준에 대해서는 스스로 책임질 수 있게 해야 합니다. 일일이 간섭하기보다 자율성을 존중하는 상사들은 부하 직원들이 충성심을 갖게 하는 동시에 그들이 최대한의 성과를 낼 수 있도록 이끌어 냅니다. 사실 '확인된 동기'와 자율성 존중의 중요함은 아무리 강조해도 지나치지 않습니다. 자기결정이론은 문화적 기준, 가치, 전통이 온전히 다음 세대에 흘러 들어가 내면화될 수 있도록 한다는 점에서 이 두 가지 모두가 한 사회의 존속 자체에 정말 중요한 요소라고 말하고 있습니다. 아이러니하게도 사람들에게 특정 동기를 거부할 자유를 줄 때 오히려 이를 받아들일 가능성이 더 높습니다.

예를 들어 최근 한 연구를 보면 미국 이민 2세대 대학생들은 이미 상당히 미국화되어 있지만 그들이 문화에 대한 선택권을 가질 때 부모의 문화적 전통을 내면으로 받아들여 두 개의 문화를 함께 공유하는 사람이 될 가능성이 그렇지 않을 때보다 더 높다는 결과가 나왔습니다. 반대로, 통제가 심한 부모들이 강압적으로 자신의 모국의 전통을 주입시키려고 하면 오히려 역작용이 나서 오히려 부모의 문화를 가장 적게 받아들이는 결과를 보여 줍니다. 조직 내에서도 이와 유사한 과정을 떠올릴 수 있을 겁니다. 큰 회사이든 학교이든 보통 조직에서 보면 기성 세대가 젊은 세대에게 유지되어야 할 전통과 발전시켜야 할 전통에 대해 결정할 권한을 주기보다는 기존의 방식을 강요하는 경우가 많습니다. 자율성 존중과 긍정 동기부여 기술에 대해서는 5주차에 더 자세히 다루도록 하겠습니다.

외부의 동기와 부과된 동기의 문제점

자기결정이론에서 '내재적 동기'와 '확인된 동기'는 긍정적인 형태의 동기인 반면 '외부의 동기'와 '부과된 동기'는 긍정적이지 않은 형태의 동기입니다. '외부의 동기'는 외적인 강압이나 필요성 때문에 행동하는 경우이고 '부과된 동기'는 내적 압박 혹은 자기 질책 때문에 행동하는 경우를 말합니다.

'외부의 동기'는 여러분이 크게 가치 있다고 느끼지도 않고, 재미도 없지만 어쩔 수 없이 하는 일입니다. 쓸데없는 단순 서류작업, 직장에서 의무적으로 받아야 하는 교육, 별 성과도 없이 정기적으로 참석해야 하는 회의 등이 종종 '외부의 동기'를 가지고 하게 되는 성가신 일들이라고 할 수 있습니다.

'부과된 동기'는 이와 유사하지만 스스로 해야 한다고 옭아매고, 다그치고, 죄책감을 갖는다는 점에서 다릅니다. 그리 즐겁지도 않고 큰 가치도 못 느끼지만 꼭 해야만 할 것 같은 일들을 떠올리실 수 있을 겁니다. 마치 상사나, 군대 고참 혹은 걱정 많은 부모님이 여러분을 지켜보고 있는 상황처럼 억지로 자신을 질질 끌고 그 일을 끝까지 마쳤겠지요. 이 두 가지 동기 모두 마지못해서, 본인의 의지나 동의가 온전히 담겨 있지 않은 어떤 힘에 떠밀려서 하는 느낌이 있습니다. '부과된 동기'는 '외부의 동기'만큼 문제가 되지는 않습니다. 왜냐하면 적어도 우리의 자아에 그 동기를 내면화하기 시작했기 때문입니다. 사실 '부과된 동기' 때문에 사람들이 자발적으로 나누고, 협력하고 혹은 죄책감을 피하기 위해 필요한 개인적 희생도 감수할 수도 있어서 때론 아주 긍정적인 행동으로 이어지기도 합니다. 하지만 자기결정이론에 따르면 이 '부과된 동기'가 한 발 더 나아가 '확인된 동기'가 되면 더 바람직하다고 합니다. 이 경우 내적 저항감이나 죄책감이 사라지고 비록 그 일을 즐기지는 못하더라도 그 동기를 충분히 지지하게 됩니다.

예를 들어, 직장에서 방대한 이메일 DB를 관리하고 있는 김 대리는 DB관리업무가 너무 하기 싫어 항상 미루다 매달 마감 일정이 거의 다 되어서야 겨우 일을 마치고 있습니다. 일을 계속 미루는 것에 대한 죄책감이 커지면 그때서야 일을 하게 되는 것이지요. 자율성을 존중하는 김 대리의 상사는 김 대리의 '부과된 동기'를 '확인된 동기'로 바꾸어 줄 수 있습니다. 김 대리가 지루하고 다루기 어려운 일을 열심히 해준 것에 대해 인정해주고 이메일 DB가 얼마나 중요하게 사용되고 있는지, 회사의 비즈니스 전략에 어떤 역할을 하는지 말해줌으로써 가능한 일입니다. 김 대리가 자신의 일에 가치와 자의식을 부여할 수 있도록 도와주면 김 대리의 상사는 지루한 일임에도 불구하고 마감 시간도 잘 지키고, 업무도 효과적이며 헌신적으로 하게 되는 직원을 한 명 얻게 됩니다.

다음 표 2.1에 동기부여의 이유(why)와 관련된 개념이 정리되어 있습니다. 표에서 동기의 범위가 연속상에 표시되어 있습니다. 1주차에 나왔던 무기력하게 행동만 하는 '무동기'의 상태에서 주변환경 때문에 행동하게 되는 '외부의 동기', 내 자신 안의 갈등 때문에 하게 되는 '부과된 동기', 그리고 자신의 의지로 행동하는 '확인된 동기' 마지막으로 활동 자체가 즐거워서 자연스럽게 하게 되는 '내재적 동기'까지 나열되어 있습니다. 오른쪽으로 갈수록 내면화가 잘 되어있고 더 긍정적이며 성과 및 개인의 행복 면에서 유익합니다. 이상적으로는 시간이 갈수록 모든 동기를 내면화해서 무슨 일을 하든지 자신의 온전한 결정에 의해 한다는 느낌을 갖게 된다면 더욱 좋겠지요. 일부 연구자들은 나이가 들면서 자동적으로 이런 일들이 일어나는 경향이 있다고 합니다. 일을 주체적으로 하는 방법을 익히게 되고, 주체적으로 할 수 없는 일을 강요 당하는 상황도 피할 수 있게 된다는 겁니다. 동기부여의 자연스러운 내면화 과정은 어린 시절에도 나타납니다. 연구에 따르면 자신의 방을 정리해야만 상황에서 어린 아이들은 '방 정리를 안 하면 혼나니까'라는 이유를 드는 반면 10대 청소년의 경우 '내 물건이 어디 있는지 잘 알기 위해서'라는 이유를 들게 됩니다.

표 2.1에서 보면 그 자체가 즐거워서 하는 '내재적 동기'를 제외한 3가지 외재적 동기는 본인 스스로 그 행동을 지지히는지 않는지 여부에 따라 '자율적 동기'와 '통제된 동기'로 구분될 수 있습니다. 그리고 모든 외재적 동기가 문제가 되지는 않는다는 점을 보여주고 있습니다. 왜냐하면 '확

인된 동기'는 비록 즐거운 일이 아니더라도 자율적이고 내면화될 수 있기 때문입니다. 표를 자세히 보면 스키너의 강화 이론, 프로이드의 초자아 이론, 인본주의 이론 등 과거의 다른 종류의 동기 이론들의 위치도 보여주고 있습니다. 또한, 많은 성격 및 심리 발달 이론에서는 세월이 갈수록 자율성과 침착성 쪽을 향해서 가게 되는 점을 강조합니다. 따라서 표2.1을 연구하고 잘 살펴볼 필요가 있습니다.

표2.1: 연속선 상의 동기

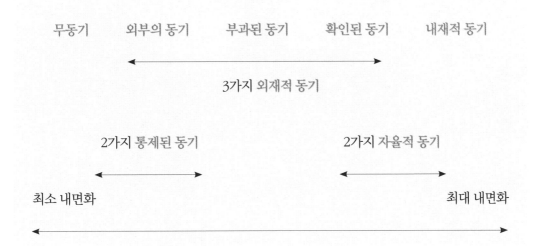

2.3 되돌아 보기

잠시 표2.1에 대해서 생각해보도록 하겠습니다. 여러분의 동기와 목표들은 삶의 다양한 시기와 장소에서 어느 정도 내면화 되어 있었나요? 여러분이 하는 일에 대해 세월이 갈수록 점점 더 내면화가 되어가고 있나요? 아래에 적어보세요.

이 표에서는 자신의 동기나 타인의 동기를 강화하고자 하는 분들에게 중요한 목표를 분명히 알려주고 있습니다. 즉, 표의 오른쪽 방향을 더 장려하고 왼쪽 방향으로 가는 것을 피하는 것이지요. 실제로 의학, 코칭, 스포츠, 교육, 조직학, 자녀 양육 등 다양한 분야에 대한 연구에서 이 같은 사실을 뒷받침하고 있습니다. 이 연구들에서 보여주는 일반적인 접근은 다음과 같습니다. 1) 연구 참가자의 5개의 동기 상태 중 본인이 어디쯤 있는지를 측정한다. 2) 내면화 정도가 높을수록 다양한 긍정적 결과를 얻을 수 있음을 보여준다. 예를 들어 끈기, 융통성, 창의성, 개인의 성과향상, 팀의 팀 웍과 협력 증진 등의 긍정적 결과를 낳을 수 있다는 사실을 말해줍니다.

동기부여의 목표(What)와 중요성

지금까지 우리는 목표를 왜 해야 하는가에 대한 동기부여의 이유(why)를 다뤘습니다. 지금부터는 우리가 추구하는 동기부여의 목표(what)에 대해 이야기하고자 합니다. 어떤 이는 사랑을 쫓고, 어떤 이는 돈을 쫓으며, 새 TV를 원하는 사람도 있고, 지금 읽고 있는 소설을 마저 다 읽기를 바라는 사람, 조깅하고 싶어 하는 사람, 금연하고 싶은 사람, 성공하고 싶은 사람, 실패를 피하고 싶은 사람 등 사람들은 저마다의 다양한 목표를 가지고 있습니다. 1990년대의 자기결정이론 연구는 바로 이 '목표'의 문제를 해결하기 위해서 시작되었습니다. 외재적 가치와 목표, 내재적 가치와 목표를 구분하기 시작하였지요. 동기부여의 이유(why)에 대해 논할 때 외재적, 내재적이라는 단어들을 사용하였는데, 이제 '목표(what)'를 이야기할 때도 이 단어들을 적용할 수 있습니다. '외재적 목표'는 외적 이유 때문에 행해지는 것들입니다. 외재적 목표에는 외모 가꾸기나 위상 세우기, 인지도 높이기, 부와 호사 누리기 등과 같은 목표가 있을 수 있습니다. 이와는 반대로 '내재적 목표'는 인간의 내적 이유 때문에 행해지는 것으로 친밀한 관계 맺기, 공동체와 사회에 헌신하기, 한 인간으로 성장하고 발전하기와 같은 목표들이 있습니다.

'외재적 목표'는 왠지 깊이가 없어 보이고 여러분은 그다지 추구하지 않을 것만 같겠지만, 솔직히 부와 권력, 매력적인 외모를 마다할 사람이 누가 있을까요? '외재적 목표'들은 이 목표들 나름

대로 의미가 있습니다. 하지만 동기 체계에서 '외재적 목표'가 주를 이룬다면 개인적으로 문제가 발생할 수 있습니다. 심리학자 팀 카세와 그의 동료들의 연구에 따르면 '내재적 목표'에 비해 '외재적 목표'에 지나치게 치중하게 되면 개인의 복지와 행복에 있어서 부정적인 영향이 있을 수 있다고 말합니다. '돈으로는 사랑을 얻을 수 없다'라는 메시지와 일맥상통하는 것이지요.

연구에 따르면 단순히 일을 내재적인가 외재적인가 하는 단어로 규정짓는 것만으로도 사람들의 성과와 기분에 영향을 미친다고 합니다. 벨기에의 저명한 심리학자 말튼 벤스틴키스트와 동료들은 이와 관련한 세 가지 실험을 진행하였습니다. 재활용, 비즈니스 커뮤니케이션 스타일, 체력관리 활동과 관련된 정보를 "이것은 환경 보호와 여러분의 성장, 그리고 건강에 도움이 됩니다"라고 말하며 내재적 용어로 규정지을 때와 "이는 돈을 절약할 수 있고, 고소득 직장에 입사하는 데 도움이 되며, 여러분의 외모 향상에 도움이 됩니다"라고 하면서 외재적 용어를 사용할 때 차이가 있다는 사실을 알아내었습니다. 참가자들이 임의로 주어진 활동을 하는 데 있어서 내재적 용어를 사용한 경우가 외재적 용어를 사용한 경우보다 더 높은 학습능력과 이해력을 보여줬고, 성과나 성취, 끈기나 추진력면에서 더 나은 결과가 나타났습니다. 이는 부분적으로 내재적 용어의 틀이 주어진 활동을 하는데 내면화된 동기를 부여하기 때문입니다.

그렇다면 여러분은 학생, 직원, 내담자에게 동기부여를 할 때 어떻게 해야 할지 명확하게 이해가 되셨을 겁니다. 특정 행동을 제시할 때 외재적 용어보다는 내재적 용어를 활용할 수 있도록 하는 것이죠.

예를 들어, 팀 리더는 '매출 증대'라는 문구 대신 '팀으로서 함께 성장하기'와 같은 말로 목표를 세울 수 있고, 운동 코치는 스케이트 선수들에게 '전국체전 우승'이라는 말 대신 '전국체전에서 최고의 모습 보여주기'와 같은 목표를 이야기할 수 있습니다. 이와 같은 아이디어들은 4주차에 성취목표이론과 성과와 학습 목표의 차이를 다룰 때 다시 이야기하게 될 것입니다.

외재적 표현 vs 내재적 표현

외재적 표현

1. 상사에 잘 보이기 위해 잘해야 해.
2. 내 위상을 높이기 위해 돈을 벌어야지.
3. 더 매력적인 외모를 위해 런닝머신을 더 할 거야.
4. 돈을 절약하기 위해 환경보호를 해야지.

내재적 표현

1. 책임감 있는 사람이 되기 위해 잘해야지.
2. 아이들과 휴가 가기 위해 돈을 벌어야지.
3. 내 건강을 위해 런닝머신을 더 해야겠다.
4. 지구를 위해 환경보호를 하는 거야.

2.4 연습하기: 동기 규정하기

앞에서 본 외재적 표현 vs 내재적 표현의 예를 참고해서 여러분 자신이나 타인을 위해 표현할 수 있는 세 가지 목표를 생각해보세요. 어떻게 하면 그 목표들을 외재적 개념에서 내재적 개념으로 바꾸어 표현할 수 있을까요? 여러분이 원래 설정했던 목표와 재설정한 목표를 적어보세요.

외재적 목표 (원래 목표)	내재적 목표 (재설정한 목표)
1.	1.
2.	2.
3.	3.

　　종종 이 '외재적 목표'와 '내재적 목표'에 대한 연구 결과를 들으면 '동기부여의 목표(what)'에서의 효과가 '동기부여의 이유(why)'의 효과와 같은 건 아닌지 궁금해하는 분들이 있습니다. 즉, 적합한 목표만 찾는다면 돈이나 미모, 인기를 추구해도 되지 않을까 하는 것이지요. 그런데 사실은 그렇지가 않습니다. 최근의 연구를 보면 '목표'와 '이유'라는 변수는 서로 다르게 독립적으로 사람들의 기분과 행복에 영향을 미칩니다. 연구 결과에 따르면 가장 행복한 사람들은 '내재적 목표'를 '내재적 동기(자율적이고 내면화된)'로 추구하는 사람들입니다. 예를 들면, 자선단체를 후원하는 것이 중요하다고 생각하기 때문에 자선단체를 지원하는 박애주의자가 여기에 해당됩니다. 그리고 가장 덜 행복한 사람들은 '외부의 동기(통제되고 내면화되지 않은)'로 '외재적 목표'를 추구하는 사람들이었습니다. 예를 들어, 사회적 지위라는 '외부의 동기'로 부를 축척하고자 하는 증권중개인과 같은 사람들을 말합니다. 그 중간에 있는 사람들은 통제적이고 외부의 동기로 '내재적 목표'를 추구하는 사람들, 즉 남들 보기에 좋으니까 자선단체를 돕는 박애주의자가 되겠고, 또는 자율적인 이유로 '외재적 목표'를 추구하는 사람들로 게임을 즐기고 자본주의 시스템을 신뢰하는 증권거래인이 이에 해당합니다. 그래서 타인의 동기부여 목표(what)와 이유(why) 모두가 내재적인 방향이 되고 이러한 동기가 자아 속에 내면화되도록 유도하는 것이 매우 중요합니다. 이는 행복을 위한 길이기도 하지만 동시에 성과나 성취를 위한 길이기도 합니다. 다음의 '연습하기'에서는 2주차에 세우셨던 4가지 목표를 내재적 용어로 표현해보도록 하겠습니다.

2.5 연습하기: 연속선상의 동기 측면에서 목표 이해하기

이전에 언급된 자기결정이론 개념을 활용해서 여러분의 4가지 목표를 생각해보고 답을 적어보세요. 각각의 목표에 대한 아래 질문의 답을 적어보세요.

1. 목표의 내용이 내재적인가요? 아니면 외재적인가요? 그 목표의 이유는 자율적인 것인가요? 아니면 통제적 이유인가요?

2. 내면화 정도에서 봤을 때 여러분의 목표는 연속선 상에서 어느 정도에 위치해 있나요?

3. 목표 중 일부가 외재적이고 또는 통제에 의한 것이라면 이를 어떻게 다시 재설정 혹은 재개념화해서 자기결정이론 연구에 따라 좀 더 긍정적인 형태의 동기가 될 수 있을까요? 물론 이 작업을 위해서 그 전에 제시한 모든 아이디어를 받아들일 필요는 없습니다. 한 번 시험 삼아 해보시기 바랍니다.

큰 그림 보기: 자기결정이론과 자유의지 문제

자기결정이론은 학계에서 잘 알려지고 높이 평가 받는 이론이지만 모든 사람들에게 잘 맞는 이론은 아닙니다. 그 이유는 자기결정이론에서 자유의지 및 자아와 관련하여 난해한 철학적 문제를 제기하고 있기 때문입니다. 이러한 문제들은 냉철한 심리학자들을 불편하게 하고 심지어 의구심을 갖게 합니다. 자아가 진정 스스로의 삶을 결정하고 선택할 수 있는가? 아니면 자아는 아무것도 결정하지 못하는 아무것도 아닌 존재에 불과한가? 심리학자들은 자아경험을 만들어 내는 세밀한 인지과정을 연구해야 하는 건 아닌가? 하지만 자기결정이론에서는 한 인간이 최적으로 기능할 수 있는 상태를 이해하기 위해서 건강한 자아의 특성을 이해하는 것이 필수적이라고 말합니다. 인간은 이 세상에 내던져진 존재로 자신이 인정하는 정체성과 방향성이 아무것도 없는 상태에서 스스로 만들어 내야 한다는 것이죠. 스스로를 '을'이라고 느끼고 주체성이 부족한 사람들은 성공하기 어렵습니다. 따라서 현실에서 많은 이들이 자기결정이 환상이고, 자유의지는 허상일 뿐이라고 하더라도 건강한 자아를 만들어가려는 생각을 믿고 경험하는 것이 중요합니다. 실제로 우리 사회와 법에서도 우리를 자신의 행동에 스스로 결정하는 존재로 규정하고 있으며 적어도 범죄를 저지르지 않고 타인의 권리를 침해하지 않을 정도의 자기결정권을 가지고 있다고 인정하고 있습니다. 자기결정이론은 자기결정의 심리적 느낌을 강조하고 있습니다. 즉, 나는 내 삶의 주인공이자 모든 선택의 주체는 바로 자신이라고 믿는 것이 중요하다는 의미입니다. 이러한 믿음은 비록 우리가 객관적인 선택과 통제에 대해 착각하고 있다 하더라도 많은 긍정적인 효과를 가져옵니다. 따라서 자기결정이론은 최적으로 기능하는 상태의 심리적 토대를 연구하는 긍정심리학과 아주 잘 맞는 짝이라고 할 수 있습니다. 자기결정이론에 대해 더 많은 정보를 얻고 싶으시면 아래의 웹사이트를 참고하시기 바랍니다.

데시&라이언의 자기결정이론 웹사이트: www.psych.rochester.edu/SDT

문화에 대한 짧은 한마디

여러분 중에는 서양국가나 서양 문화권 출신이 아닌 분들도 있을 겁니다. 개인의 경험, 자유, 자아
보다는 사회의 기준, 전통, 집단을 더 중요하게 생각하는 문화에서 살고 있을 수 있지요. 자기결정
이론은 분명 개인에게 초점이 맞춰진 이론인데 집단과 사회를 중시하는 문화권에서도 적용이 될
까요? 네. 적용될 수 있습니다. 데시와 라이언은 자율성이 독립성과 혼동되어서는 안 된다고 말합
니다. 자율적이라는 것은 본인의 행동에 대한 스스로의 의지와 내적 동의를 경험하는 것인 반면 독
립적이라는 것은 다른 것에 기대지 않고 별개로 존재하는 것입니다. 자율성이 독립성이 아닌 자유
의지로 측정될 때 터키, 일본, 중국, 불가리아, 인도, 나이지리아 등 지금까지 조사한 모든 나라에서
긍정적인 결과를 보여주었습니다. 다시 말해 자율성은 보편적이고, 모든 문화를 아우르는 욕구로
서 자기결정이론을 뒷받침하는 좋은 예가 되고 있습니다. 물론 사람들이 이 욕구를 표현하는 방식
이 환경에 따라 다르고 혹은 다른 상황에서 이를 표현하는 것을 권장하는 정도가 다를 수는 있습니
다.

2.6 되돌아 보기

연구에 따르면 몇 가지 종류의 동기만 생산성이나 행복으로 이어진다고 하지만 우리는 대부분 덜 생산적인 동기들도 경험해보았습니다. 잠시 시간을 내어 이번 주에 다뤘던 다양한 종류의 동기에 대해서 생각해보고 여러분에 삶에는 어떻게 적용이 되고 있는지를 살펴보도록 합시다.

1. 그리 즐겁지는 않지만 해야만 해서 움직인 활동을 떠올려 보세요. 직장에서 했던 프로젝트나 사회적 의무, 집안일 등이 떠오르시나요? 이 일을 할 때 여러분의 태도는 어떤 종류의 동기에 가장 가까웠나요? 왜 그 일을 별로 좋아하지 않았다고 생각하나요? 동기 면에서 어떻게 했다면 그 일을 더 즐겁게 할 수 있었을까요? 이를 통해 여러분의 팀원, 학생, 내담자, 클라이언트에게 적용할 수 있는 교훈이 있나요? 질문의 답을 적어보세요.

2. 외재적 가치를 믿고 있었을 때를 떠올려 보세요. 다른 사람들에게 좀 더 매력적으로 보이고 싶은 마음일 수도 있고 돈이었을 수도 있습니다. 그때로 돌아가서 그 목표에 대해 어떻게 느꼈었는지 기억을 되짚어 보십시오. 어떻게 이런 목표들이 여러분에게 동기부여가 되었나요? 결과적으로 무엇을 했나요? 보다 내재적 목표와 비교해서 이런 목표들은 어떻게 느껴졌나요? 질문의 답을 적어보세요.

W2 핵심포인트

- 2주차에는 자기결정이론과 이를 뒷받침하는 연구들을 살펴보며 동기부여의 목표(what)와 이유(why)를 다뤘습니다. 자기결정이론은 원래 동기부여의 긍정이론입니다. 왜냐하면 내재적 동기와 사람들의 자연스러운 성장과정의 중요성을 강조하고 있기 때문입니다.

- 하지만 자기결정이론은 마냥 긍정적인 것만은 아닙니다. 자유로운 선택과 자아표현이 항상 존중되지 않는 경우에는 자신의 행동을 내면화하기가 어렵다는 점도 강조하고 있기 때문이지요.

- 자기결정이론 연구를 보면 돈, 인기, 미모와 같은 외재적 목표를 추구하는 것보다 성장, 친밀감, 공동체와 같은 내재적 목표를 추구하는 것이 최선이며 이러한 목표를 부과된 동기 또는 외부의 동기가 아닌 내재적 혹은 적어도 확인된 동기로 행하는 것이 좋다고 말합니다. 동기부여의 목표와 이유에서 둘 다 내재라는 단어가 나와서 혼동될 수도 있겠지만 둘 다 본질적으로 보람 있는 것을 추구한다는 뜻입니다.

- 타인을 위한 목표나 동기를 설정할 때도 "여러분의 건강, 성장, 환경을 위한 일이다"와 같이 내재적 용어로 목표를 설정하고 "매우 즐겁기 때문에 혹은 중요하기 때문에"라는 내면화된 이유를 강조하는 것이 가장 좋습니다.

2.7 전문가들을 위한 연습문제

HRD 담당자나 컨설턴트, 코치, 심리치료사분들이 이 과정에 많이 참여하고 있는데 이 분들은 다른 이들과 함께 일할 때 유용한 개념들을 찾고 싶을 겁니다. 그래서 추가적으로 자기결정이론 개념이 여러분의 일에 어떻게 적용될 수 있을지를 생각해보고 적어보는 연습문제를 해보려고 합니다. 여러분이 함께 일하는 이들의 동기를 강화하기 위해 지금 하고 있는 것들을 어떤 식으로 바꾸어볼 수 있을까요? 참고로 5주차에는 이 주제를 더 상세히 다루겠지만 좀 일찍 생각해본다고 나쁠 건 없겠지요? 여러분의 생각을 적어보십시오.

Week2 읽을거리

Sheldon, K. M. (2005). *Optimal human being: An integrated multilevel perspective.*
Mahwah, NJ: Erlbaum.

3주차에 논의될 목표 개념을 잘 소개한 자료. 목표와 의도를 다룬 6장을 읽어보세요. 관련
배경 자료를 더 보고 싶은 경우 1장과 2장을 읽으시면 됩니다.
또 동기부여의 목표(what)와 이유(why)가 동일하지 않고 각각 서로 독립적으로 중요하다
는 점을 보여주는 글의 링크도 있습니다. 이 문서의 제목은 다음과 같습니다.

Sheldon, K. M., Ryan, R. M., Deci, E. L., & Kasser, T. (2004). The independent
effects of goal contents and motives on well-being: It's both what you pursue
and why you pursue it. *Personality and Social Psychology Bulletin, 30,* 475-486.
아래 링크된 웹사이트에서 위의 글을 읽어보실 수 있습니다.
http://web.missouri.edu/~sheldonk/pdfarticles/PSPB04.pdf

Week 3

동기부여를 위한
목표시스템 접근법

동기부여를 위한 목표시스템 접근법

지난 시간에는 자기결정이론과 이를 뒷받침하는 연구들을 살펴보며 동기부여의 목표(what)와 이유(why)를 다뤘습니다. 자기결정이론은 원래 동기부여의 긍정이론입니다. 왜냐하면 '내재적 동기'와 사람들의 자연스러운 성장과정의 중요성을 강조하고 있기 때문입니다. 하지만 자기결정이론이 마냥 긍정적인 것만은 아닙니다. 자유로운 선택과 자아표현이 항상 존중되지 않는 경우에는 자신의 행동을 내면화하기가 어렵다는 점도 강조하고 있기 때문이지요. 자기결정이론의 연구를 살펴보면 돈, 인기, 미모와 같은 '외재적 목표'를 추구하는 것보다 성장, 친밀감, 공동체와 같은 '내재적 목표'를 추구하는 것이 유익하며 이러한 목표를 '내재적 동기' 또는 '확인된 동기'에 의해 실행하는 것이 좋다고 말합니다. 타인을 위한 목표나 동기를 설정할 때도 "이 일은 여러분의 건강, 성장, 환경을 위한 일입니다"와 같이 내재적 용어로 목표를 설정하는 것이 좋습니다. 그리고 "일이 매우 즐겁기 때문에 또는 중요하기 때문에"라는 내면화된 이유를 강조하는 것이 필요합니다.

목표시스템 관점

이번 주에는 아주 다른 방식으로 동기부여 체계를 이해하는 접근법을 살펴보도록 하겠습니다. 이는 인지적 원칙과 인공두뇌학 원칙을 토대로 하고 있습니다. '목표시스템(Goal systems)'이란 본능적으로 자신에 의해 또는 부모, 사회에 의해 내재되어 있는 목표가 있음을 의미하는 전문용어입니다. '목표시스템' 접근법은 어찌 보면 좀 기계학적인 면이 있습니다. 인간을 마치 로봇처럼 보고 목표 달성을 위해서 정밀하게 제대로 프로그램화하는 것이 필요하다고 말하기 때문이죠. 아마 인간이 프로그램화되어 움직이는 로봇과 같다는 생각에 동의할 사람은 거의 없을 겁니다. 하지만 이 접근법이 인본주의적인 자기결정이론과 통합되면 아주 효과적인 결과를 기대할 수 있습니다. 이 조합에서 떠오르는 질문은 '과연 자아가 외적인 힘에 의해 프로그램화 되지 않고 스스로 프로그램을 설계하는 방법을 배울 수 있을까?'입니다.

목표시스템 접근법을 이해하기 위해서는 다시 동기부여의 이유(why)로 돌아가서 생각해보아야 합니다. 자기결정이론에서는 특정한 'X'라는 일을 할 때, 예를 들어 영어 배우기, 보고서 작성, 매출 올리기 등 이 일을 해야만 하기 때문에 하기보다는 그 일이 즐거워서, 중요하다고 믿기 때문에 하는 것이 최상이라고 말합니다. 즉, '내재적 동기' 또는 '확인된 동기'로 일을 하는 것이 좋다는 뜻이지요. 하지만 생각해보면 많은 행동들의 이유가 내가 그 일에 대해 갖는 감정 이상으로 더 복잡한 경우가 많습니다. 그리고 때론 목표들이 서로 연결되어 있기도 합니다. 보다 정확히 말하면, "나는 'Z'를 하기 위해 'X'를 꼭 해야 해" 혹은 "Z라는 목표에 근접하기 위해 X가 필요해"라는 이유를 들 수 있습니다. 이 경우에 'X'라는 하위 목표는 'Z'라는 상위 목표의 수단이 되고 'Z'라는 목표는 'X'의 이유가 됩니다.

이런 목표와 동기를 수식적으로 접근하는 방식이 좀 복잡하게 느껴지거나 수학에 약해서 어렵게 느껴지는 분들이 있다면 조금 더 쉽게 예를 들어 설명해보겠습니다. 여러분이 부모라면, 왜 자녀들을 등교시간에 맞춰 학교에 보내려고 애쓰나요? '지각하지 않기'는 우리가 흔히 매일 세우는 소소한 목표 중의 하나일 뿐이지만 이 질문의 답은 보다 크고 추상적인 목표와 연결되어 있습니다. 이 경우에 쉽게 하위 목표와 상위 목표를 연결시킬 수 있을 겁니다. 단순한 답은 "시간에 맞춰 아이들을 등교시키고 싶은 이유는 지각을 해서 벌을 받거나 수업을 놓치지 않게 하기 위해서죠"라고 할 수 있습니다. 하지만 여기서 끝이 아닙니다. 일반적으로 우리는 아이들에게 책임감과 시간을 잘 지키는 습관을 가르치고 싶고 이 세상에서 자신의 약속을 진지하게 받아들이는 것이 얼마나 중요한 지를 알려주고 싶습니다. 이렇게 말하고 나니 아이들을 학교에 정시에 등교시키는 일이 정말 중요하다는 생각이 들지 않나요? 사실 이 등교시간 문제는 '아이들을 제대로 키우고 책임감 있는 성인으로 성장하도록 돕는다'는 상위 목표 시스템에 연속적으로 연결된 수많은 단기적, 세부 목표들 중 하나에 불과합니다. 우리는 종종 이렇게 보다 훌륭하고 추상적인 목표들을 우리 마음 속에 감춰두고 구체적이고 단기적인 목표들을 눈에 보이는 척도로 활용합니다.

목표시스템 포인트 1: 계층적 조직

행동은 순위에 따라 구성됩니다. 장기적 목표, 원칙, 가치들은 대부분 단기적 기술, 과정, 절차들에 대한 내용과 일정을 정합니다. 단기적 절차는 현재 상태와 원하는 미래 상황 사이의 격차를 줄여주는 수단이 되지요. 즉, 단기 목표는 거대한 바위 같은 목표를 쪼개어 한 발 한 발 나아갈 수 있는 디딤돌 역할을 하고, 보다 명확한 길을 제시합니다. 예를 들어, 책을 한 권 쓰는 것과 같이 크고 무거운 일을 떠올려 보십시오. 비어있는 첫 페이지를 보며 앞으로 350장짜리 글을 써야 한다고 생각하면 그 목표가 아무리 큰 의미가 있다 하더라도 쉽게 포기하게 될지 모릅니다. 포기하는 대신 우리가 할 수 있는 일은 큰 목표를 작은 목표로 세분화해서 생각하는 것입니다. 책 쓰기의 경우에는 한 챕터 또는 한 장씩 쓰는 것을 목표로 삼을 수 있습니다. 이렇게 세분화된 작은 목표는 성취하기 쉬워 보이고 최종적으로 달성하고자 하는 장기 목표의 길로 이끕니다. 목표 체계는 우리가 어떻게 우리 자신을 미래로 이끌어 가는가에 관한 것입니다. 처음에는 마음속으로 그려 봤지만, 그 후에 우리가 원하는 방향으로 일을 할 수 있게 해줍니다. 더 나아가 사람들의 대부분의 순간적인 행동도 전체 목표 체계에 어딘가에 해당되는 일일 수 있습니다.

3.1 활동: 목표 순위 매기기

여러분의 목표에 순위를 매겨 보십시오. 어떤 목표들은 더 광범위하고 더 중요하거나 다른 목표들보다 선행되어야 할 수도 있습니다. 가장 흔히 사용되는 방법은 단기 목표와 장기 목표로 나누어서 생각하는 것입니다. 시간을 갖고 여러분 개인의 목표들을 나열해보십시오. 이 때 가장 추상적인 상위 목표부터 적은 후, 현 시점의 구체적인 목표들은 나중에 적어보도록 하겠습니다.

1. 내 일에서 내가 성취하고 싶은 목표는 무엇인가?

2. 이 목표를 성취하기 위해서 무엇을 할 계획인가?

3. 2번을 실행하기 위해서 필요한 기술, 자원, 기회를 높이기 위해 해야 할 일은 무엇인가?

4. 3번을 위해서 매일 혹은 사소하게 해볼 수 있는 필요한 일은 무엇인가?

로봇 관점에서 보면 이상적인 행동체계에는 일련의 명확한 특징이 있어야 합니다. 첫째, 시스템의 모든 목표가 하위 계획, 기술, 절차를 갖추고 있어서 현재 상황과 목표가 실현된 미래 상황 사이의 간극을 줄일 수 있어야 합니다. 앞서 책을 써야 하는 상황을 보면, '매일 1장씩 쓰기'라는 계획은 한 챕터를 완성하는 데 도움이 되고, 전체 원고 완성을 거쳐 출판까지도 할 수 있게 해줍니다. 이 '간극 줄이기'라는 개념은 제2차 세계대전 당시 미사일 유도 시스템 개발에서 활용되었습니다. 미사일 유도 시스템에서 기계가 스스로 간극을 인지하고 수정할 수 있는 능력을 갖추게 된 것이죠. 즉, 실제 미사일 경로와 목표 경로를 비교해서 그 차이를 찾아낸 후 적합하게 수정을 하는 방식을 말합니다. 우리의 목표 체계가 미사일 유도 시스템을 따라 고안된 것이라고 말하는 건 아닙니다. 오히려 그 반대지요. 미사일 유도 시스템은 생물 유기체가 계속해서 항상성을 유지하며 주변 환경을 탐색하는 방식을 모방하고 있습니다. 이와 같이 기본적인 자기조절 원칙이 미적분학이 발견되고 300년 후에나 밝혀졌다는 점이 놀라울 뿐입니다.

다시 사람의 관점으로 돌아가서 보면, 효과적으로 목표를 추구하기 위해서는 특정한 자기조절 도구가 필요합니다. 목표는 우연한 운의 결과가 아니며 이를 성취하는 일은 한 번에 쉽게 되는 것이 아닙니다. 목표를 이루기 위해 우리는 우리의 생각, 감정, 행동을 의식적으로 조절해야만 합니다. 우선 목표를 마음에 새기고, 현재 상황과 목표 사이의 차이를 인지한 후 이 차이를 효과적으로 줄이기 위해 행동해야 하며, 마지막으로 그 차이가 사라지고 마침내 목표를 달성했을 때를 인식해서 그 행동을 멈출 수 있도록 해야 합니다.

목표시스템의 4단계

1. 목표를 마음에 새깁니다.
2. 현 상황을 파악하고 궁극적인 목표 면에서 우리가 원하는 미래 상황을 현 시점과 비교해봅니다.
3. 두 상황 사이의 차이를 줄이고 목표에 근접하기 위해서 어떤 일을 해야 할지를 생각합니다.
4. 목표 달성을 인식한 후 행동을 멈추고 스스로를 칭찬할 기회를 갖습니다.

각 단계에서 문제가 발생하면 전체 체계에 문제가 될 수 있습니다. 예를 들어 직장 내 팀원들이 서로 화합하는 직장 분위기를 만들고 싶은 팀장이 있습니다. 1단계는 마음 속으로 화합하는 직장 분위기를 만들자는 목표를 되새깁니다. 대부분의 관리자들이 잘하는 단계입니다. 하지만 2단계는 쉽지 않습니다. 목표를 향한 변화를 어떻게 파악할 것인지가 문제입니다. 팀원들 간의 보이지 않는 갈등을 관리자가 감지할 수도 있고 감지하지 못할 수도 있습니다. 설사 그 차이를 감지할 수 있다고 하더라도 3단계에서 화합하는 분위기를 만들기 위해서 무엇을 해야 할지 막막할 수 있습니다. 마지막으로 관리자가 그룹 내 갈등을 해결하는 데 성공했다고 하더라도 궁극적인 목표가 달성되었는지 그래서 이제 뒤로 물러서서 팀이 스스로 다시 기능할 수 있게 해야 할 때인지를 정확히 알 수도 있고, 알지 못할 수도 있습니다. 어떤 경우에는 문제가 없는 그룹을 계속 고치려고 노력하는 결과를 낳을 수 있습니다. 여기서 동기부여를 하고자 하는 분들이 얻을 수 있는 교훈은 '이 단순한 4단계 행동 시스템도 실제 적용할 경우 상황에 따라 차이가 있을 수 있음을 인지해야 한다'는 것입니다.

목표시스템 포인트 2: 목표 간 충돌

긍정적인 목표시스템의 두 번째 특징은 목표들이 서로 일관되어 서로 상충하지 않아야 한다는 점입니다. 예를 들어 올림픽에 출전할 만큼 뛰어난 운동선수가 되고 싶은 목표와 전 세계 문학 도서를 모두 읽는 목표는 동시에 달성할 수 없습니다. 시간적으로 두 가지 목표를 달성하는 것이 불가능하다고 볼 수 있습니다. 또 어떤 경우는 물질적인 면에서 목표들이 상충할 수 있습니다. 예를 들어, 개인 요트와 헬리콥터를 가지고 개인적 쾌락을 얻고 싶은 목표와 월급은 적지만 NGO 단체에서 일하며 사회를 위해 헌신하고 싶은 목표는 서로 목표가 상충합니다. 때로는 논리적인 면에서 목표들이 상충하기도 합니다. 사람들과 함께 화합하고 협력하는 사람이 되고 싶은 목표와 주변 지역 경쟁자들을 물리치고 공격적으로 내 사업을 키우고 싶다는 목표는 논리적으로 부딪히게 됩니다. 물리적인 시간 면에서 목표들이 상충하는 경우는 결국 시간에 쫓겨 하위목표들을 달성하는데 스트레스가 발생하고 이는 시간이 갈수록 건강문제로 이어질 수 있습니다. 따라서 이 때는 목표 간의 상충을 풀고 정리하는 노력이 필요합니다. 가치적인 면에서 서로 상충하는 두 가지 목표를 열심히 추구하는 사람들은 결국 좌절하거나 애매한 태도를 갖게 되어 한계에 이르게 됩니다. 오늘의 교훈은 동기 부여시 1) 상충하는 목표들을 부여하지 말 것, 2) 개인의 성과를 저해할 수 있는 목표 간 상충 작용이 이미 있는 건 아닌지 살펴볼 것입니다.

정리하면, '긍정적 목표시스템'에서 목표들은 시스템의 하위 목표들을 세워 그 위의 목표를 달성할 수 있도록 돕고 나아가 그보다 더 상위에 있는 목표들을 달성할 수 있도록 해야 합니다. 그리고 목표 달성을 위한 행동이 필요한 때에는 효과적으로 행동을 취해야 한다는 사실을 깨달을 수 있습니다. 또한 목표들은 시스템 속 같은 레벨의 다른 목표들과 상충해서는 안됩니다. 같은 레벨의 목표들은 서로 보완하고 도움이 되는 관계가 되어야 이상적입니다. 이런 모든 것을 어떻게 확인할 수 있을까요? 좋은 방법 중에 하나는 여러분 자신의 목표시스템을 한 번 그려 보고 서로 다른 목표들이 서로 도움이 되는지 방해가 되는지 목표 간의 관계성을 파악해보는 것이지요. 지금 한 번 시도해보세요.

3.2 활동: 목표시스템 분석하기

목표시스템에서 제시된 개념을 활용하여 현재 자신의 목표를 분석해보십시오. 먼저 3가지 장기 목표를 제일 위에 적고, 3가지 중장기 목표(ex. 월 단위 목표)를 중간 정도에 적습니다. 그리고 3가지 단기 목표(ex. 주 단위 목표)를 아래쪽에 적어보세요. 각 레벨에 있는 목표들이 서로 상충하나요? 아니면 서로 도움이 되나요? 상위 목표와 하위 목표는 어느 정도 연결이 되어 있나요? 관계성이 존재하지 않거나 명확하지 않다면, 어떻게 해야 여러분의 목표시스템의 일관성을 향상시킬 수 있을까요?

목표시스템 포인트 3: 성공에 대한 기대가 중요한 이유

목표시스템 관점에서 봤을 때 동기부여에서 매우 중요한 문제가 바로 성공에 대해 사람들이 거는 기대입니다. 보통 '자아효능감(self-efficacy)'이라고 표현되며, 여기서 자아효능감이란 자신에게 주어진 과제를 성공적으로 수행할 수 있다고 믿는 신념을 말합니다. 자아효능감이 높은 경우 목표를 달성할 확률이 매우 높습니다. 예를 들어, 예상치 못한 난관이 닥쳤을 때 자아효능감이 높은 사람들은 바로 낙담하거나 노력을 중단하지 않습니다. 대신 계속 밀고 나아가지요. 왜 그럴까요? 결국에는 성공할 거라고 믿고 기대하고 있기 때문입니다. 성공에 대한 기대가 높은 사람들은 자신감과 확신을 가지고 나아가기 때문에 다른 이들에게 자신의 의도를 설득시키거나 납득시킬 수 있고 따라서 사람들의 도움이나 협력도 자연스럽게 얻을 수 있습니다. 그런데 성공에 대한 기대가 지나치게 낙관적이거나 비현실적이고 심지어 망상에 가까울 정도라면 어떨까요? 이런 경우가 있을 수 있기는 하지만 전문가들은 '어느 정도 비현실적이어야 지나치게 비현실적인 것인가?'에 대한 답을 아직까지 찾고 있지는 못합니다. 현재까지의 연구에서는 전반적으로 긍정적인 환상은 단점보다는 장점이 많고 종종 환상을 현실로 바꾸는 데 도움이 된다고 밝히고 있습니다. 결과적으로 여기서 기억해야 할 오늘의 교훈은 '여러분이 부하 직원의 업무완수 능력을 믿고 있다는 걸 보여주고 그들의 높은 열정을 바로 꺾지 말라는 것'입니다.

전반적으로 자신감을 갖는 것 외에 목표시스템 관점에서는 시간과 장소까지 고려한 아주 구체적인 행동계획이 필요하다고 말합니다. 골윗저와 동료들의 연구에 따르면 '실행의도(implementation intentions)'가 매우 중요하다고 말합니다. 실행의도는 언제 무엇을 하는가에 대한 구체적인 계획입니다. 계획을 세울 때 "X와 같은 상황이 되면 나는 Y와 같은 행동을 취하겠다"와 같은 형식의 선언도 함께 정해야 합니다. 예를 들어, 상사에게 임금인상에 대한 이야기를 하는 것이 목표인 경우 실행의도는 "새 프로젝트에 대한 논의 때문에 부장님이 사무실로 부르시면 그 때 임금인상에 대한 이야기를 꺼내야겠다"가 될 것입니다. 운동을 더 하는 것이 목표라면 실행의도는 "수요일 저녁은 일찍 퇴근하니 그 때 운동시간을 더 늘려야겠다"가 될 수 있겠지요. 실행의도의 한 가지 장점은 특정 자극과 행동을 자동적으로 연결시켜준다는 데에 있습니다. 자극이 일어나면 의식적으로 생각하지 않아도 행동이 나오게 되는 것이죠. 왜냐하면 미리 상황을 생각하고, 특정 상황에 어떤 행동을 하겠다고 결심하였기 때문에 그 상황이 닥쳤을 때 행동적 대비가 되어있기 때문입니다. 이와 같은 상황 대비는 정신적 자원을 자유롭게 해서 다른 가치 있는 행동이나 노력 또는 목표 추구에 활용할 수 있게끔 합니다.

3.3 활동: 실행의도 활용하기

여러분의 목표를 달성하는 데 도움이 될 실행의도를 어떻게 활용할 수 있을지 잠시 생각해보십시오. 한 가지 목표를 떠올리고 이와 관련된 상황들을 함께 떠올려 보세요. 이런 상황들이 발생했을 때 여러분의 목표 달성을 위해 취할 행동들을 나열해보세요. 여러분의 목표와 상황과 행동을 아래 적어보십시오.

1. 목표

2. 목표와 관련해 일어날 수 있는 상황들

3. 이런 상황들이 일어났을 때 목표 달성을 위해 취할 행동

실행의도 연구는 목표 추구에서 자동적인 대비가 중요함을 보여줍니다. 인식하지 못하는 미묘한 정보라도 사람들이 특정 목표를 선택하고 추구할 수 있도록 자극을 줄 수 있습니다. 예일대학교 심리학자 존 바그와 연구진은 성취 개념을 잠재의식 속에 미리 되새겼을 때 실험 참가자들이 철자가 뒤바뀐 단어를 찾는 작업에 무의식적으로 더 열심히 참여했음을 보여주었습니다. 따라서 여기서 동기부여하는 분들이 얻을 수 있는 오늘의 교훈은 다음과 같습니다. '목표와 관련된 행동을 자동적으로 미리 대비할 수 있는 환경을 만들라.'

목표시스템 포인트 4: 접근 목표와 회피 목표의 차이

목표시스템에서 나타나는 또 다른 중요한 특징 중에 하나가 바로 '접근 동기'와 '회피 동기'의 차이입니다. '접근 동기'는 몸 건강 잘 챙기기, 전문 분야의 책 읽기와 같이 미래의 원하는 결과를 향해 노력하는 것이라면, '회피 동기'는 비만이 되지 않기, 해고 당하지 않기와 같이 원하지 않는 결과가 일어나지 않도록 애쓰는 것을 의미합니다. 대부분의 동기는 접근 동기나 회피 동기로 표현될 수 있습니다. 예를 들어 시험 통과하기 vs 낙제 하지 않기, 경기에 승리하기 vs 경기에 패배하지 않기를 들 수 있습니다. 연구 결과에 따르면 접근 동기로 표현된 목표가 성과나 개인적인 감정 면에서 더 나은 결과를 낸다고 합니다. 왜 그럴까요? 첫째, 회피 목표는 실패에 대한 암시를 담고 있고, 자동적으로 실패로 가는 신호가 될 수 있기 때문입니다. 실패하지 않기 위해 노력한다는 건 스스로 끊임없이 실패의 가능성에 대해 인식하고 있다는 뜻입니다.

둘째, 접근 목표를 달성하기 위해서는 성공을 향한 여러 가지 길 중 한 가지를 찾으면 되지만 회피 목표의 경우는 모든 실패로 갈 수 있는 가능성을 피하거나 예방하기 위해 노력해야 합니다.

셋째, 목표시스템은 행동을 취하기 위한 설계이지 행동을 피하기 위한 것이 아닙니다. 그래서 회피 목표를 추구하기가 논리적으로 애매합니다. 여기서 기억할 오늘의 교훈은 '가능하면 목표를 회피 동기보다는 접근 동기로 표현할 것'입니다. '체중감량'이라는 목표도 살찌는 것을 피한다는 의미가 내포되어 있기 때문에 그보다는 '운동량 늘리기' 혹은 '영양식 섭취하기' 등으로 표현하면 좋겠지요.

3.4 활동: 회피 목표를 접근 목표로 바꾸어 표현하기

여러분이나 타인의 목표 중에 회피 목표로 표현된 목표가 있는지 생각해보십시오. 만약 있다면 어떻게 접근 목표로 바꾸어 표현할 수 있을지 생각해보세요.

1. 목표 1 (회피 목표)

2. 목표 1 (접근 목표로 바꾸기)

3. 목표 2 (회피 목표)

4. 목표 2 (접근 목표로 바꾸기)

목표시스템, 자기결정이론, 그리고 자기일치성

목표시스템 관점에서는 사람에게도 로봇처럼 잘 짜인 프로그램과 정해진 계획 그리고 실행의도를 담은 다짐이 있어야 한다고 말합니다. 하지만, 우리가 놓쳐서는 안 될 점이 있습니다. 아래의 상황을 한번 보시죠.

대학에서 수석 졸업을 앞둔 의학전문대학원 지망생이 있습니다. 이 학생은 모든 어려움을 잘 헤쳐왔고 목표시스템이 무난하게 효율적으로 기능해서 의학전문대학원 지원이라는 선택까지 오게 되었습니다. 하지만 그것이 이 학생의 선택이었을까요? 혹시 부모님의 못다한 꿈을 이루고자 하는 건 아닐까요? 곰곰이 생각해보니 본인의 꿈은 역사학자나 댄서가 되고 싶었던 건 아닐까요? 이는 목표시스템을 연구하는 대부분의 학자들이 생각지 못했던 문제입니다. '도대체 원래의 목표 프로그램이 어디서 만들어져 오는 걸까?'라는 의문이 생깁니다. 우리의 DNA에 새겨진 걸까요? 부모님이나 종교의 영향으로 만들어진 걸까요? 아니면 우리가 어렸을 때 읽은 동화책의 영향일까요? 여기서 '목표시스템에서 설정한 목표들이 진정 본인을 위한 목표들인가?'라는 중요한 문제가 남게 됩니다. 그 목표들이 강압적이고 무심한 사회 환경에서부터 만들어졌다면 본인을 위한 목표가 아닐 수 있습니다. 앞서 예를 든 의학전문대학원 지망생이 피를 보거나 아픈 사람들과 함께 일하는 것을 힘들어한다면 어떨까요? 의사로서 인생의 잘 살아갈 수 있을까요?

여기서 '자기일치성'이라는 개념을 주목해야 합니다. 미주리대학의 캐논 쉘든과 연구진은 '자기일치성'에 대한 연구를 계속해서 진행하고 있습니다. 자기일치성(self-concordance)이란, 개인이 가진 관심과 가치가 목표와 일치하는가에 대한 개념입니다. 사람들에게 빈 종이에 현재 추구하고 있는 목표를 나열해보라고 했을 때, 과연 사람들이 진정 자기가 원하는 것을 알고 있을까요? 알고 있다고 하더라도 본인이 원하는 것을 목표시스템 안의 목표로 만들 수 있는지가 의문입니다. 이를 판단하기 위해 자기결정이론에서 나온 '외부의 동기', '부과된 동기', '확인된 동기', '내재적 동기'의 개념을 활용해서 종이에 나열한 목표들을 위해 왜 노력하는지 묻곤 합니다. 본인의 목표가 통제에 의한 것이 아니라 자유의지에 의한 것일 때 우리는 그 목표가 스스로와 일치한다는 말을 씁니다. 즉, 목표들이 그 사람 안의 관심, 가치, 성격과 잘 맞고 또 이를 잘 보여준다는 뜻이지요. 이와 반대로 자기일치성이 떨어지는 목표들은 사람들이 좋아하지 않거나 중요하다고 생각하지 않는 일들이며 외적 혹은 내적 압박 때문에 추구하는 목표들입니다. 이런 목표들은 내 안에 깊이 내재되어 있는 내 성격과 잘 맞지 않을 수 있습니다. 앞서 의학전문대학원 지망생의 경우 의사가 되는 목표가 외부 압력으로 세워진 목표로 자기일치성이 떨어지는 목표일 수 있습니다. 오히려 역사학자가 되는 것이 본인의 타고난 호기심과 재능에 맞는 자기일치성이 높은 목표일 수 있는 것이죠. 따라서 잘 짜인 목표시스템을 갖추고 있다고 하더라도 이 학생에게는 모든 것이 잘된 상황이 아닐 수 있습니다. 이 학생에게는 잘못된 목표시스템이고 그렇게 되면 이에 대한 대가를 치러야 합니다. 그래서 긍정 동기부여를 가장 잘 이해하기 위해서는 인본주의적 관점과 기계적 관점이 모두 필요합니다.

자기일치성 개념에 관한 연구

제가 일하는 연구소에서는 자기일치성이 개인의 건강과 기능에 어떤 영향을 미치는지에 대한 장기간에 걸친 연구를 해왔습니다. 첫 번째 연구 결과는, 목표가 자신과 일치한다고 믿는 사람들에게서 더 좋은 성취 결과가 나왔습니다. 시간이 갈수록 자기일치성이 높은 목표들은 성취할 가능성이 높아지는데 이는 사람들이 더 열심히 오랫동안 노력하기 때문입니다. 반면, 자기일치성이 낮은 목표의 경우에는 초반에는 의식적으로 노력하지만 시간이 갈수록 의지는 점점 사라지게 됩니다. 왜냐하면 이런 목표들은 내면의 성격과 자질들을 건드리거나 연결시키지 못하기 때문입니다. 새해 결심이 좋은 예이지요. 우리가 새해 결심을 지키지 못하는 이유는 바로 본인이 중요하다고 믿고 공감하는 목표가 아닌 비현실적인 목표 혹은 외적인 관심과 압박에 의한 목표를 세우기 때문입니다.

두 번째 연구결과는, 자기일치성이 높은 목표가 성취 후에도 더 만족스럽다는 점입니다. 자기일치성이 높은 목표는 우리 자신이 진정 어떤 사람인지 또는 어떤 사람이 될 수 있는지를 보여주며 달성했을 때 그 어느 때보다 큰 행복과 잘 살고 있다는 느낌을 받게 합니다. 반대로 자기일치성이 낮은 목표는 달성을 해도 힘이 나지 않고, 에너지의 지속성이 떨어진다는 결과가 나왔습니다.

자기일치성에 대한 또 다른 흥미로운 연구 결과는, 사람들이 나이가 들수록 더 목표에 대한 자기일치성이 높아지는 경향이 생긴다는 점입니다. 나이가 들면 다른 사람들을 기쁘게 하려고 애쓰기보다는 스스로에게 의미 있고 중요한 일을 하게 되기 때문입니다.

3.5 되돌아 보기: 자기일치성이 낮았던 목표 떠올리기

과거에 추구했던 목표 중에 자기일치성이 낮았던 목표가 떠오르시나요? 다른 사람의 영향으로 세운 목표일 수도 있고 여러분의 가치나 관심이 담기지 않은 목표 혹은 여러분 성격과 정반대인 목표들일 수도 있겠지요. 이런 목표들을 마음에 두고 다음 질문에 답해보세요.

1. 그 잘못된 목표가 애초에 어떻게 여러분의 목표시스템에 들어오게 되었나요? 목표 설정을 할 때 외부의 영향은 어느 정도였고 본의의 의사는 어느 정도였나요?

2. 목표를 위해 여러분이 쏟은 노력은 어떠했나요? 동기는 무엇이었나요? 마지막 결과는 어땠나요?

3. 그 목표를 수정하거나 없앨 수 있다면 어떻게 할 수 있었을까요?

여기서 연습하지는 않더라도 지금 현재 여러분의 목표는 얼마나 자신과 일치하는지를 생각해볼 수 있습니다. 왜 그 목표를 세웠는지, 목표를 위해 무엇을 할 것인지, 그 목표의 자기일치성을 높일 수 있는 방법은 없는지 등을 생각해보시기 바랍니다.

큰 그림 보기: 자기조절의 두 가지 정의

이번 주에는 '자기조절'이라는 용어의 두 가지 다른 의미가 강조되고 있습니다. 심리학에서 자기조절이란 일반적으로 사람이 기본적으로 자신에 대한 통제력을 가지고 있음을 뜻합니다. 자신의 만족감을 위한 일은 잠시 뒤로 미루고, 계획을 세워 목표를 달성하기 위해 노력하는 능력을 갖추고 있음을 의미합니다. 자기 자신을 조절한다는 말은 자기수양과 자기통제를 한다는 뜻입니다. 그런데 자기결정이론에서 자기조절은 의미가 약간 다릅니다. 자기결정이론에서의 자기조절은 한 사람의 행동이 얼마나 주관적인 자아와 일치하며 또 그 자아가 얼마나 행동의 원인이 되는지를 가리킵니다. 즉, 목표시스템이 자아를 조절하는 것이 아니라, 목표시스템을 조절하는 주체가 바로 자아라는 의미입니다.

자아의 정의에 대해서 일부 심리학자들은 불편하게 받아들이는데 그 이유는 이는 마치 사람들의 머릿속에 정신적인 또 다른 작은 사람이 존재하는 것 같은 느낌을 주기 때문입니다. 마치 기계 안에 들어있는 귀신 같은 존재로 받아들일 수 있고 이는 많은 어려운 철학적 문제를 불러 일으킬 수 있습니다. 철학적인 사람들에게는 이 개념이 인간의 정체성과 자유의지의 존재에 대한 많은 질문을 던져줄 수 있습니다. 하지만 정신적 자아와 자유의지의 실제 존재 여부는 그리 중요하지 않습니다. 중요한 점은 사람들이 자아와 자유의지가 실제로 존재한다고 느끼고 이에 따라 자율적으로 자기 자신의 인생을 개척해가는 주체로 살아가야 한다는 점입니다.

긍정 동기부여를 하고자 하는 사람들은 다음 사항을 분명히 해야 합니다. 1) 자신 안에 깊이 내재된 욕구, 흥미, 가치 그리고 성격과 잘 맞는 목표를 설정할 수 있도록 할 것 2) 혹시 잘 맞지 않는 목표가 있을 경우는 이를 내면화할 수 있도록 도울 것 3) 스스로 선택했다는 느낌과 주인의식을 최대한 가질 수 있도록 지원해서 그 목표에 대한 필요성을 받아들일 수 있도록 할 것. 이렇게 하다 보면 누가 아나요? 잘 안 맞는 것 같던 목표들을 위해 노력하는 동안 우리는 새로운 취향이나 성격을 발견하게 될지도 모릅니다. 그러면 결국 그 목표들은 우리와 잘 맞는 목표들이 되는 것이지요.

마지막 부분에서 중요한 점은 바로 개인의 경험입니다. 우리는 시행착오를 겪으면서 우리 자신이 누구이고 무엇을 좋아하는지를 알아가면서 성숙해집니다. 관리자, 교사 및 심리상담사들은 사람들이 자아와 맞지 않는 목표를 가지고 있는 경우가 얼마나 많은지를 아는 것이 좋습니다. 언어적 표현이나 정신적으로 사람들에게 동기부여가 덜 됐다고 다그치는 것보다는 각자 개인에게 맞는 목표를 다시 세울 수 있도록 함께 노력해주시길 바랍니다. 아주 간단한 방법이지만 직원, 학생 혹은 내담자가 '스스로 납득할 수 있는 목표로 다시 표현하기'도 도움이 될 수 있습니다. 오늘의 교훈은 '어디서든 가능한 각 개인과 잘 맞는 목표를 세우려고 노력할 것. 맞지 않는 목표라면 표현을 달리하거나 조정해서 조금 더 자신과 맞는 목표에 가까울 수 있도록 노력하자'입니다.

W3 핵심 포인트

- 이번 시간에는 목표시스템 관점에 대해서 다루었습니다. 이 기계적 접근법에서 긍정적 동기부여는 성능 좋은 로봇이 되는 것과 같았습니다. 상위 목표와 하위 목표로 연속된 계획과 기술, 현실과 목표 차이 이해, 이에 따른 반복 행동 등으로 잘 짜인 목표시스템을 갖추고 목표들 간의 상충도 거의 없는 로봇이 되는 것이지요. 이런 경우 우리는 목표를 향해 빠르게 나아갈 수 있습니다.

- 목표시스템 관점을 통해 동기부여의 방법과 이유에 대해 많이 이해할 수 있습니다. 상위 목표가 하위 목표의 이유가 되고 반대로 하위 목표는 상위 목표의 방법이 됨을 보여 주고 있습니다. 계획하기, 간극 좁히기, 실행의도와 같은 인지적 개념으로 목표 달성 방법의 논리적 과정을 보여주고 있습니다.

- 하지만 상위 목표가 시스템에서 애초에 어떻게 세워졌는지, 그리고 특정 시스템 내에 있어야 하는 건 아닌지에 대한 문제는 아직 해결하지 못했습니다. 역사학자가 자신에게 더 맞는 의대 지망생의 예를 떠올려보십시오. 의사라는 목표는 간섭이 심한 부모님의 영향으로 세워진 것일 수도 있습니다. 그렇다면 이는 자신과 일치하는 목표가 아니겠지요.

- 현실적으로 말하면, 목표를 세울 때는 다른 사람의 의견이 아닌 우리의 진정한 가치와 관심 및 기질을 담고 있는 목표를 선택하는 것이 중요함을 보여주고 있습니다. 이렇게 되면 목표시스템에 의해 움직이는 자아가 아닌 목표시스템을 움직이는 자아가 됩니다.

W3 읽을거리

로체스터 대학교 심리학 교수 앤드류 J. 엘리엇의 'the 2x2 Achievement Goal Framework'
http://www.sas.rochester.edu/psy/research/apav/publications/documents/2006_
MollerElliot_The2x2achievementgoalframework.pdf

중간 평가

축하합니다! 우리 여정의 절반을 잘 마치셨습니다. 배움의 다양한 길을 활용한다는 의미에서 지금까지 배운 것을 보여줄 수 있는 기회를 드리려고 합니다. 아래 세 질문에 대해 200-300 단어 정도의 답을 적어 보세요.

1. 긍정 동기부여의 특성을 개념화 하는 데 있어서 자기결정이론과 목표시스템 이론은 어떻게 다른가요? 이 다른 두 이론을 어떻게 조화롭게 활용하여 완전한 결과를 낼 수 있을까요?

2. 동기부여의 방법(how)을 강화하는 세 가지 개념을 적고 평가해보십시오. 어떻게 하면 목표와 동기를 더 잘 성취할 수 있을까요?

3. 여러분이 타인에게 긍정적으로 동기부여를 하기 위해 활용할 수 있는 방법을 적어보세요.

Week 4
귀인 이론과 성취 목표 이론

귀인 이론과 성취 목표 이론

지난 주 우리는 동기부여에 관한 목표시스템을 살펴 보았습니다. 이 기계적 접근법에서 긍정 동기 부여는 성능 좋은 로봇이 되는 것과 같았습니다. 상위 목표와 하위 목표로 연속된 계획과 기술, 현실과 목표의 차이 인지, 반복 행동으로 잘 짜여진 목표시스템을 갖추고 목표들 간의 상충도 거의 없는 로봇이지요. 이런 경우 우리는 목표를 향해 빠르게 나아갈 수 있습니다. 목표시스템 관점을 통해 동기부여의 방법과 이유에 대해 많이 이해할 수 있습니다. 상위 목표가 하위 목표의 이유가 되고 반대로 하위 목표는 상위 목표의 방법이 됨을 보여주고 있습니다. 계획하기, 간극 좁히기, 실행의도와 같은 인지적 개념으로 목표 달성 방법의 논리적 과정을 보여주고 있습니다.

하지만 상위 목표가 시스템에서 애초에 어떻게 세워졌는지, 그리고 특정 시스템 내에 있어야 하는 건 아닌지에 대한 문제는 아직 해결하지 못했습니다. 앞서 역사학자가 꿈일 수도 있는 의대 지망생의 예를 떠올려보십시오. 의사라는 목표는 간섭이 심한 부모님의 영향으로 세워진 것일 수도 있습니다. 그렇다면 이는 자신과 일치하는 목표가 아니겠지요. 다시 말해, 목표를 세울 때는 다른 사람의 의견이 아닌 우리의 진정한 가치와 관심 및 기질을 담고 있는 목표를 선택하는 것이 중요합니다. 이렇게 되면 목표시스템에 의해 움직이는 자아가 아닌 목표시스템을 움직이는 자아가 될 수 있습니다.

이번 주에는 귀인과 성취 목표 이론을 통해 목표와 동기부여를 좀 다른 각도에서 보도록 하겠습니다. 이 이론들은 동기부여의 이유(why)에 대한 제3의 시각을 제공합니다. 즉, 나는 왜 이 특정 목표를 추구하는가에 대한 문제이며 우리가 그 동안 다뤘던 자기결정이론이나 목표시스템 이론과는 다른 관점입니다. 이 주제에 관한 엘리엇의 글을 예습을 하셨다면 좋겠지만 혹시 읽지 않으셨다면 지금 한 번 읽어 보십시오.

이제, 즐거운 일은 아니겠지만 여러분의 삶에서 중대한 실패의 순간을 떠올려 보는 것으로 이번 주 과정을 열어 보도록 하겠습니다. 시험에 불합격했을 때, 혹은 경기에서 패했을 때, 발표하면서 당황스러웠던 순간 등 여러분에게 실패라고 느껴지는 시간들을 떠올려 보십시오. 이제, 반대로 여러분이 인생에서 중요한 성공이라고 느꼈던 순간을 생각해보십시오. 다음으로 넘어가기 전에 이 두 가지 상황의 예를 꼭 마음에 담아주시기 바랍니다.

4.1 연습하기: 성공과 실패

위에서 생각한 실패와 성공 사례를 적어주세요.

실패의 순간

성공의 순간

귀인 이론: 우리가 과거를 어떻게 설명하느냐가 우리의 미래에 영향을 미친다

인간은 본래 흔치 않은 성공이나 실패에 대해 이야기하고 설명하고 싶어합니다. 그렇게 함으로써 미래에는 이런 사건에 더 잘 대처할 수 있기를 바랍니다. 귀인 이론은 우리가 이야기하는 다양한 성패요인의 종류를 분류하고 있습니다. 예를 들어 여러분이 생각한 실패가 노력이나 준비 부족과 같이 여러분의 내면의 문제 때문에 일어났다고 생각하나요? 아니면 형편없는 팀워크, 악천후 혹은 장비와 같이 여러분이 어찌할 수 없는 외부적 상황 때문이라고 생각하나요? 외부적 상황을 구체적으로 살펴보면, 날씨처럼 유동적이고 일시적인 요소 때문인가요? 아니면 팀원의 성격 결함과 같이 고정적이고 오래 지속되는 요소 때문인가요? 이 개념들이 합쳐져서 4가지 기본 귀인 요소가 나오게 됩니다.

〈4가지 귀인 유형〉

1. 내부-고정적 요소: 개인의 성향과 능력

2. 내부-유동적 요소: 개인의 노력과 일시적인 컨디션

3. 외부-고정적 요소: 사회적 구조나 편견

4. 외부-유동적 요소: 외부의 운이나 기회

사람들에게 성공과 실패의 이유를 물었을 때, 사람들은 이 4가지 기본 이유를 들어서 설명합니다. 여기서 우리가 선택한 귀인 요소가 동기부여에 왜 중요한지를 짚어보도록 하겠습니다. 그 이유는 과거에 대한 설명이 미래의 동기와 기대에 영향을 미치기 때문입니다. 여러분이 실패요인을 내부-고정적 요소(ex. 내가 멍청해서, 정리를 못해서, 재미없는 사람이라서) 때문에 실패했다고 생각하면 나 자신에게 잘못이 있으니 개인적으로 상당한 상처가 되겠지요. 고정적 요소라고 하면 변화하기도 힘들기 때문에 여러분이 이에 대해서 할 수 있는 일이 아무것도 없습니다. 이 상황이 앞으로 여러분의 동기부여에 얼마나 끔찍한 영향을 줄지 상상해보십시오.

이번엔 여러분의 실패요인이 외부-유동적 요소라고 생각한 경우는 어떨까요? 시험 문제가 예상치 못한 내용에서 나와서, 잔디가 젖어 축구경기를 제대로 하지 못해서 또는 청중들이 컨디션

때문에 내 강의에 집중하지 않은 것이라고 생각한다면 여러분의 실패는 여러분과 관련이 없게 됩니다. 우연히 그렇게 된 것이고 다음에는 더 나아질 수 있겠지요. 그리 나쁜 상황은 아닙니다. 여러분은 이 실패를 딛고 다시 일어설 수 있습니다.

실패요인을 외부-유동적 요소로 돌리는 경우는 내부-고정적 요소를 택할 때보다 동기부여 면에서나 감정 면에서 훨씬 유익합니다. 반대로 성공요인을 찾을 때는 내부-고정적 요소(ex. 내가 똑똑해서, 내가 정리를 잘해서, 내가 재미있는 사람이라서)를 선택하는 것이 유익하지요. 내부-고정적 요소를 요인으로 보는 경우 성공한 영역에 대해 긍정적으로 평가하게 되고 성공에 대한 기대를 높여 더욱 적극적인 태도로 임할 수 있게 합니다.

간단히 보는 귀인 요소

	내부	외부
고정적	내부-고정적 요소 개인의 바뀌지 않는 능력, 성격	외부-고정적 요소 사회적으로 바뀌지 않는 상황과 구조, 환경
유동적	내부-유동적 요소 바뀔 수 있는 개인의 노력, 마음 상태	외부-유동적 요소 외부의 운이나 기회, 바뀔 수 있는 상황

위의 표를 보고 여러분 중에는 뭔가 석연치 않다고 생각하는 분들이 있을 수 있습니다. '그럼, 실패는 남 탓, 성공은 내 탓이라고 넘기면 된다는 말인가?'라고 생각할 수 있겠죠. 이 두 가지 형태 모두 우리 자신에 대해서는 좋게 생각하면서 결과의 진짜 원인은 숨기는 이기적인 편견으로 보일 수 있습니다. 여기서 놓치지 말아야 할 것은, 우리가 실패했을 때에는 그 원인의 일부는 우리 자신에게도 있을 수 있고 이를 주의 깊게 살펴서 개선해나갈 수 있도록 해야 합니다. 성공했을 때도 운이 좋아서 그런 면이 있다면 이를 인정하되 운에 너무 의지하지 않도록 해야겠지요. 다시 말해, 본인 위주로 성패귀인을 설명하더라도 객관적으로 현실의 상황을 명확하게 파악할 수 있어야 합니다.

4.2 활동: 귀인 요소 찾기

잠시 시간을 갖고 여러분이 떠올렸던 성공 경험과 실패 경험에 대해 생각해보십시오. 그 당시에는 이 경험들을 어떻게 이야기했나요? 그 때에도 본인 위주의 요소들이 포함되어 있었나요? 아니면 객관적으로 정확한 사실만 이야기했나요? 실패에 대해 부정적이지만 정확한 사실만 말했을 때 여러분에게 도움이 되었나요? 아니면 더 긍정적인 상황 설명이 여러분에게 더 나았나요? 여러분의 성공에 대해 긍정적이지만 정확하지 않게 이야기했다면 장기적으로 여러분에게 유익했나요? 왜 그랬을까요? 만일 그렇지 않았다면 또 그 이유는 무엇일까요? 이 중요한 질문들의 답을 적어보세요.

자아와 그 능력에 대한 불변이론 vs 증진이론

성패의 원인을 찾는 방식의 차이는 어디서 오는 것일까요? 이런 방식에서 나타나는 개인의 신념과 자아는 무엇일까요? 이 질문들에 답하기 위해서 캐롤 드웩의 유명한 연구를 살펴보도록 합시다. 캐롤 드웩은 사람들이 자아와 능력에 대한 어떤 신념을 가지고 있는지에 따라 사람들의 귀인 방식이 결정된다는 사실을 보여주었습니다. 사람들은 과학자처럼 자신과 세계에 대한 비전문적인 믿음을 세웁니다. 불변주의자들은 '능력은 변하지 않는 것'으로 이 세상 사람들을 능력이 있는 사람 또는 능력이 없는 사람으로 2가지 유형이 존재한다고 믿습니다. 이들은 자신이 능력 있기를 바라며 자기 자신과 타인에게 인정받기 위해 노력합니다. 예를 들어, 불변이론을 믿는 세일즈맨은 자신이 다른 사람들을 설득하는 능력을 타고난 것이라고 생각할 수 있습니다. 즉, 설득과 협상능력이 누구는 타고 나지만 또 누군가는 그렇지 못한 능력이 되는 것이죠. 이는 매우 중요한 포인트인데 우리 모두 어느 정도는 이런 식으로 사람들의 성격을 단정짓는 경우가 있기 때문입니다. 예를 들면 '저 사람은 항상 대화에 껴들어 방해하더라. 몰지각한 사람이라서 그래'라고 생각할 수 있습니다. 하지만 다른 가능성도 있을 수 있음을 기억하는 것이 좋습니다. 그 사람이 대화에 끼어든 건 대화 주제에 관심이 많아서일 수도 있고, 어쩌면 자라온 가족의 대화 문화 때문일 수도 있지요. 또는 그 사람이 항상 대화에 끼어드는 건 아닌데 그 상황에서만 끼어든 것일 수도 있습니다. 불변이론의 성향이 있는 관리자나 교사는 상황이나 다양한 요소가 아주 미묘한 방식으로 나타날 수 있음을 이해하는 것이 좋습니다.

이와는 반대로 증진주의자들은 능력은 바뀔 수 있으며 조금씩 노력으로 개발할 수 있다고 믿습니다. 증진이론을 믿는 사람들은 자신의 능력을 개발하고 싶어하고 자기 자신이나 타인에게 자신이 능력을 보여주는 데 크게 신경 쓰지 않습니다. 예를 들어, 증진이론을 믿는 세일즈맨은 세일즈 능력도 향상될 수 있고 더 능숙해질 수 있다고 생각합니다.

불변이론과 증진이론 두 가지 방식은 일이 잘 풀릴 때는 큰 문제가 없습니다. 하지만 위기가 닥치거나 계획대로 일이 되지 않으면 불변이론을 믿는 사람들은 많은 혼란을 겪게 됩니다. 먼저 불변주의자들은 일이 잘 풀리지 않는 것이 자신의 능력이 부족해서라고 생각하게 됩니다. 능력은 타고난 것이고 노력으로는 이룰 수 없는 것이기에 더욱 참담합니다. 스스로 할 수 있는 일이 없고 상황을 뒤집을 힘도 얻을 수 없게 되지요. 게다가 혹시 다른 사람들이 자신이 힘겨워하는 모습을 보고 능력이 없는 사람이라고 평가해버리면 어떻게 하나요? 이 또한 위험합니다. 이럴 때 불변주의자들은 성공 가능성이 낮다고 보고 일을 그냥 포기해버릴 수 있습니다.

포기하지 않아도 여전히 문제입니다. 스스로 불리한 입장을 만들어서 혹시 실패했을 때를 대비해 변명할 거리를 찾게 되기 때문입니다. "발표를 망친 건 내가 준비를 제대로 안 해서 그래", "어제 안 자고 놀았더니 발표를 망친 거야"와 같은 변명거리를 만들게 되지요. 단지 자존심을 지키기 위해 준비를 하지 않았거나 잠을 자지 않았다고 말하는 것은 분명 잘못된 방식입니다. 또한, 불변주의자들은 내부-고정적 요소인 변하지 않는 자신의 능력을 탓하게 되면서 이는 결과적으로 심리적 무기력으로 이어질 수 있습니다. 반면 증진주의자들은 내부-유동적 요소를 요인으로 보고 '아직은 전문성을 더 키울 때인가 보다' 혹은 '내가 좀 더 공부하고 노력해야겠다'는 식의 생각을 하게 됩니다. 이는 미래에 긍정적인 변화에 대한 가능성을 담고 있습니다. 따라서 불변주의자들은 어려움이 닥쳤을 때 노력을 거두어들이는 전략을 쓰게 되고 증진주의자들은 노력을 더 늘리는 전략을 쓰게 됩니다. 이제 여러분에게 어떤 신념과 방식이 더 긍정적일지 충분히 판단하실 수 있을 거라 믿습니다.

스스로에게 잠시 '나는 불변주의자인가, 증진주의자인가?', '실패했을 경우의 타격을 줄이기 위해 스스로 불리한 상황을 만들거나 미리 노력하기를 포기한 적은 없었나?'라는 질문을 던져 보는 것도 좋습니다. 도움을 드리고자 다음 장에 불변이론과 증진이론의 신뢰 정도를 측정할 수 있는 문장을 적어 놓았습니다. 어떤 문장이 여러분 안에 내재된 믿음을 더 잘 담고 있나요?

4.3 활동: 불변 이론 vs 증진 이론 측정하기

불변 이론

"사람은 특정 정도의 지능을 지니고 있고 이를 바꾸기 위해 할 수 있는 일은 거의 없습니다."

"사람의 지능은 항상 똑같은 상태로 유지됩니다."

증진 이론

"사람들은 살면서 더 똑똑해지는 법을 배울 수 있습니다."

"능력은 오랜 시간 노력하면 높아질 수 있습니다."

어떤 문장이 여러분의 생각을 가장 잘 표현하고 있는지 생각해보세요. 답을 적고 왜 그렇게 생각하는지를 예를 들어 적어 보세요.

　　캐롤 드웩의 연구에 따르면 불변이론과 증진이론은 성취의 영역에만 해당되지 않는다고 합니다. 호감도, 건강, 도덕성 등 다른 중요한 개인 성격에 대한 신념도 설명할 수 있다는 것이죠. 따라서 위의 4문장에서 사용된 '지능' 대신 호감도, 건강, 도덕성을 넣어서 불변과 증진이론 측정 기준을 만들 수 있습니다. 하지만 사람들마다 다른 영역에서 다른 성향을 보일 수 있다고 캐롤 드웩은 강조합니다. 한 영역에서는 불변주의자이지만 다른 영역에서는 증진주의자일 수 있다는 뜻입니다.

4.4 연습하기: 불변과 증진 대비해보기

불변이론이 적용된다고 생각하는 영역과 증진이론이 적용된다고 생각하는 영역이 떠오르시나요?
각각 어떤 영역인지 적고 이에 대해 설명해보세요.

수행 목표 vs 숙달 목표

성취 목표 연구에 나오는 다른 개념들도 살펴보도록 하겠습니다. 교육심리학에서 오랫동안 주요한 패러다임으로 자리 잡았던 개념으로 많은 연구자들이 수행 목표와 숙달 목표를 구분해왔습니다. 수행 목표가 있을 때 우리는 남들보다 혹은 외적 기준이나 성공의 표준에 비해 잘하려고 노력합니다. 경쟁에서 이기거나 혹은 좋은 성적을 받기 위해 노력하지요. 하지만 숙달 목표를 세웠을 때 우리는 과거의 수행 혹은 성공의 내적 기준과 비교해서 더 잘하려고 노력합니다. 배우고 더 발전하기 위해 노력하지요.

많은 연구에서 숙달 목표를 세울 때 사람들은 더 많은 향상을 보이고, 더 심도 있게 개념을 익힐 수 있으며 지식을 통합하는 능력도 더 낫다는 결과를 보여주고 있습니다. 그렇다고 숙달 목표가 객관적으로 더 나은 결과, 즉 더 높은 성적 등으로 이어지는 것은 아닙니다. 왜냐하면 숙달을 중요하게 생각하는 사람들은 성적보다는 흥미로운 학습에 관심이 더 많기 때문입니다. 하지만 새로운 학습에 대한 효과는 나중에 나타나게 됩니다. 수행 목표는 자존심이 걸려 있기 때문에 높은 집중력과 인내력을 발휘할 수 있게 하는 반면 불안감은 더 높고 흥미는 떨어지는 결과를 동반합니다. 성취를 향해 가는 길에 여러분은 수행 목표과 숙달 목표 둘 중 어느 쪽을 택하는 편인지 잠시 생각해보십시오.

4.5 활동: 수행 목표 vs 숙달 목표

1. 숙달 목표는 사람들의 참여도를 높이고 수행 목표는 생산성과 관련이 있다면 이 두 가지를 최상의 조합으로 활용하기 위해서 여러분의 팀, 학생, 내담자 및 클라이언트와 어떻게 함께 일할 수 있을까요?

2. 숙달 목표는 장기적으로 봤을 때 효과적이고, 수행 목표는 단기적 효과를 볼 수 있습니다. 성공을 향한 최적의 시간 배정을 위해 이 두 가지를 어떻게 균형 있게 활용할 수 있을까요?

접근 목표 vs 회피 목표: 4가지 기본 성취 목표

수행목표는 항상 나쁜 걸까요? 지난 10년 동안 전에 함께 일했던 앤드류 엘리엇은 접근 목표와 회피 목표의 구분을 합치면서 성취 목표 연구의 판도를 바꾸어 놓았습니다. 접근 목표는 원하는 미래 상태를 향해 가는 것이고 회피 목표는 바람직한 현재 상태를 유지하려고 하거나 원하지 않는 미래를 피하려고 노력함을 의미합니다. '경기에서 승리하기'처럼 접근목표 용어로 표현한 경우 "경기에서 패하지 않기"와 같은 회피 목표 용어를 쓰는 것이 더 낫습니다.

엘리엇의 연구 덕분에 수행 목표가 꼭 문제가 되는 것은 아니라는 사실을 알게 되었습니다. 그리고 수행 목표는 접근동기 또는 회피동기와 어떻게 관련되는가에 따라 달라질 수 있다고 말합니다. 엘리엇의 "2x2 성취 목표 이론"에는 4가지 기본 성취 동기가 있습니다. 1) 수행-접근 동기 2) 숙달-접근 동기 3) 수행-회피 동기 4) 숙달-회피 동기로 구분할 수 있습니다. 즉, 목표 달성 과정 동안 마음 뒤 편에 가지고 있는 다른 목표의 이유를 의미합니다. 예를 들어, 직장에서 수행-접근 목표는 사람들로 하여금 매출 총액 또는 객관적인 생산 목표량을 향해 가도록 도와줍니다. 숙달-접근 목표는 사람들이 기술개발 워크숍에 가거나 과거보다 더 향상된 성과를 낼 수 있는 방향으로 이끕니다. 수행-회피 목표는 다른 사람들 앞에서 일을 망치지 않도록 방향을 잡아줍니다. 숙달-회피 목표는 사람들이 현재 기술을 유지하는 쪽으로 이끄는데, 이는 주로 인지능력이 점점 약해지는 나이 든 직원들에게서 종종 보이는 성향입니다.

2x2 성취 목표 프레임 워크

	접근	회피
수행	"나는 경쟁에서 이기기 위해 노력 중이야."	"나는 경쟁에서 지지 않기 위해 노력 중이야."
숙달	"나는 내 기술을 향상시키기 위해 노력해."	"나는 지금 기술을 잃지 않으려고 노력해."

엘리엇의 연구에 따르면, 목표를 수행하는 데 실패에 대한 두려움이나 어려움에 봉착했을 때 '수행-회피 목표'보다 '수행-접근 목표'가 더 나은 결과물을 낸다고 말합니다. 이는 사실 다행스러운 연구 결과입니다. 다른 사람과 경쟁을 하고 객관적인 수행 기준에 도달하기 위해 노력하는 것이 "나쁜 일"이라고 결론 지어야 했다면 참 난처했을 것 같습니다. 결국 이러한 상황들도 우리 인생에 필요한 단면들이니까요. 엘리엇의 연구 결과에서는 인생에서 몇몇 수행 목표를 넘어야 할 필요가 있으므로 우리는 두 가지 종류의 접근 동기(수행-접근과 숙달-접근)를 모두 활용하는 것이 이상적이라고 말합니다.

하지만 여전히 수행 목표에 대해서는 논쟁이 계속되고 있습니다. 수행-접근 목표가 필요할 때도 있지만 이 자체도 취약한 점이 있어서 실패와 좌절을 만났을 때 수행-회피 목표로 바뀔 수도 있다는 반론이 제기되고 있는 것이죠. 그리하여 수행-접근 목표도 최소화하여 학습과 향상에 집중하는 숙달 목표에 집중해야 하는 건 아닌지 의문이 제기되고 있습니다. 최근 연구에 따르면, 이는 각 개인의 성격에 따라 다를 수 있다고 합니다. 불변주의자들, 즉 실패를 두려워하는 성향이 강한 사람들이 수행-접근 목표를 추구할 때 수행-회피 목표로 빠질 가능성이 가장 높고, 증진주의자와 같이 실패에 대한 두려움이 별로 없는 사람들은 그런 위험에 잘 빠지지 않으면서 수행 목표를 추구할 수 있다고 합니다. 그래서 이는 여러분이 자신에 대해 어떻게 생각하느냐와 관련이 있음을 알 수 있습니다.

4.6 되돌아 보기: 여러분의 성취 노력

여러분의 삶에서 성취 목표가 어떤 역할을 하고 있는지 되돌아보고 적어보세요. 여러분이 노력을 쏟고 있는 목표는 수행 목표인가요? 아니면 숙달 목표인가요? 여러분의 목표가 수행 목표에 가까운 성향일 경우 동기는 접근 동기인가요? 아니면 회피 동기인가요? 그리고 여러분 안에 깔려 있는 자신에 대한 신념을 더 잘 표현한 이론은 어떤 것인가요? 불변 이론인가요? 아니면 증진 이론인가요? 여러분의 생각을 적어 보세요.

그럼 여기서 나 자신이나 타인을 긍정적으로 동기부여 하고자 할 때 실제로 활용될 수 있는 교훈은 무엇일까요?

1. 우선 객관적인 수행 목표를 세웠다 하더라도 최종 결과인 성패나 그에 따른 여파에 집중하지 말고 이 상황에서 스스로 혹은 다른 이가 무엇을 배울 수 있을지 어떻게 더 발전할 수 있을지에 집중할 수 있도록 합니다.

2. 경쟁에서 이기기나 상 타기와 같이 객관적인 수행 목표를 세우거나 부여해도 괜찮고 때로는 이런 면이 필요하기도 합니다. 하지만 가능하면 이런 목표를 지나치게 강조하지 않아야 합니다.

3. 또한 실패나 좌절에 직면했을 때 자기 자신의 개인적인 실패 혹은 기본적인 능력 부족이나 무능함으로 받아들이지 않도록 합니다. 그보다는 성취는 끊임없는 노력과 기술 개발의 과정임을 계속해서 상기시켜야 합니다. 이렇게 하면 여러분과 다른 이에게 장기적으로 가장 유익할 수 있습니다.

큰 그림 보기: 성취 목표 이론과 자기결정이론

아마도 성취 목표 이론과 2주차에 다뤘던 자기결정이론을 연관 지어 생각하는 분들이 있을 수 있습니다. 사실 둘 사이에는 몇 가지 매우 유사한 점이 존재합니다. 성취하는 과정에서 숙달 목표를 세우는 것이 내재된 동기를 갖는 것과 비슷합니다. 이 경우 일 자체에 관심을 갖고 목표를 위한 수단이 아닌 일 자체에 흥미를 느끼는 경우가 많습니다. 반대로 수행 목표는 외적 동기와 비슷합니다. 후에 받게 될 보상 혹은 처벌을 생각하고 이와 같은 결과가 올 가능성이 높지 않으면 아예 행동조차 하지 않을 수도 있습니다.

성취 목표 접근은 교육심리학에서 주로 활용이 많이 되었습니다. 그 이유는 개념이 이해하기 쉽고 구체적이면서 시험치기나 숙제내기 등 여러 가지 교육 상황에서 실제로 적용할 수 있는 이론이었고 그러면서도 자기결정이론처럼 자아에 관한 어려운 문제는 피해갈 수 있었기 때문입니다. 자기결정이론에서처럼 '자아가 스스로 세우고 지지하는 목표인지 아닌지'를 묻는 대신 성취 목표 이론에서는 '능력에 관해서 스스로 어떤 신념을 가지고 있는가'를 묻고 있습니다. 이는 성취 목표 이론이 자아의 본질 면에서 인지주의 주류와 더 가깝다는 사실을 보여줍니다. 인지주의에서의 자아는 표현하고 실현시켜야 하는 신비스러운 내면의 존재가 아니라 그냥 우리가 우리 자신이라고 믿는 단순한 자아 개념입니다. 어쩌면 여러분이 일하시는 환경에서도 성취 목표 접근을 더 많이 활용하고 있을 수 있습니다. 여기서 강조하고 싶은 점은 살면서 스스로 능력 있는 사람이라고 느끼는 것도 중요하지만 스스로 자율적이고 자아실현을 하고 있다고 느끼는 것도 그만큼 중요하다는 사실입니다. 이 두 가지가 서로 다른 경험일 수 있고 어떤 경우에는 한쪽 경험은 많은데 다른 쪽은 생소할 수도 있습니다. 이 주제에 대해서는 마지막 주에 '자율성, 자신감 및 관계에 대한 심리적 욕구'를 다룰 때 더 심도 있게 살펴보도록 하겠습니다.

W4 핵심포인트

- 이번 주에는 우리가 어떻게 과거의 사건을 이야기 하느냐에 따라 우리 미래의 동기가 달라질 수 있음을 알게 되었습니다. 성공에 대해서는 내부-고정적 요소를 원인으로 돌리고 실패에 대해서는 외부-유동적 요소를 원인으로 돌리는 성향이 우리의 감정 면에서 유익하고 동기부여 측면에서도 도움이 됨을 알 수 있었지요. 하지만 이 과정에서 너무 자기 위주의 이기적인 해석을 하지 않도록 주의해야 합니다. 이기적인 편견 때문에 과거 경험에서부터 배울 수 있는 점들을 놓칠 수 있습니다.

- 또, 개인능력에 대해 '불변주의'와 '증진주의'를 비교해보았습니다. 불변주의자들은 능력이 정해져 있다고 믿고 본인의 능력을 증명하기 위해 애쓰는 반면 증진주의자들은 능력이 변할 수 있다고 믿고 능력을 향상시키기 위해 노력합니다.

- 불변주의자들은 실패했을 때 어려움을 겪을 수 있습니다. 왜냐하면 실패의 원인을 내부-고정적 요소로 돌리는 경향이 있고 이에 따라 더 이상 노력하려고 하지 않거나 혹은 일부러 준비를 하지 않는 등 스스로 불리한 상황을 만들어서 실패 상황과 그 다음 성취 상황에 대한 대비를 하려고 할 수 있기 때문입니다.

- 증진주의자들은 실패에 더 잘 대처합니다. 진정한 목표는 배우고 발전해가는 것이므로 실패를 통해 더 노력이 필요한 부분과 같이 소중한 정보를 얻을 수 있기 때문입니다.

- 불변, 증진주의와 맥을 같이 하는 수행 목표와 숙달 목표를 비교해보았습니다. 실패를 피하기 위함이 아닌 성공을 향한 것이라면 일반적으로 수행 목표가 유익하다는 사실을 알 수 있었습니다. 실패를 피하기 위한 수행 목표는 실제 실패했을 때 '무기력'에 빠질 수 있는 위험이 있습니다.

Week 4 읽을거리

5주차에 다룰 주제에 대한 데시와 라이언의 초기 고전인 《The support of autonomy and the control of behavior》을 읽어보세요. 아래 웹사이트로 가시면 글을 읽으실 수 있습니다.

https://pdfs.semanticscholar.org/e2be/748cfba7a3500283a8d92e86c15121970172.pdf

Week 5
어떻게 동기부여를 할 것인가?

Week 5
어떻게 동기부여를 할 것인가?

지난 주에는 우리가 어떻게 과거의 사건을 이야기하느냐에 따라 우리 미래의 동기가 달라질 수 있음을 알게 되었습니다. 성공에 대해서는 내부-고정적 요소를 원인으로 돌리고 실패에 대해서는 외부-유동적 요소를 원인으로 돌리는 성향이 감정면에서 유익하고 이후에 동기 부여 측면에서도 도움이 된다는 사실을 알 수 있었지요. 하지만 이 과정에서 너무 자기 위주의 이기적인 해석을 하지 않도록 주의해야 합니다. 이기적인 편견 때문에 과거 경험에서부터 배울 수 있는 점들을 놓칠 수 있습니다. 또, 개인능력에 대해 '불변주의'와 '증진주의'를 비교해보았습니다. 불변주의자들은 능력이 정해져 있다고 믿고 본인의 능력을 증명하기 위해 애쓰는 반면 증진주의자들은 능력이 변할 수 있다고 믿고 능력을 향상시키기 위해 노력합니다.

불변주의자들은 실패했을 때 어려움을 겪을 수 있습니다. 왜냐하면 실패의 원인을 내부-고정적 요소로 돌리는 경향이 있고 이에 따라 더 이상 노력하려고 하지 않거나 혹은 일부러 준비를 하지 않는 등 스스로 불리한 상황을 만들어서 그 다음 실패 상황에 대한 대비를 하려고 할 수 있기 때문입니다. 반면 증진주의자들은 실패에 더 잘 대처합니다. 진정한 목표는 배우고 발전해가는 것이므로 실패를 통해 더 노력이 필요한 부분과 같이 소중한 정보를 얻을 수 있기 때문입니다.

끝으로, 불변주의, 증진주의와 맥을 같이 하는 수행 목표와 숙달 목표를 비교해보았습니다. 실패를 피하기 위함이 아닌 성공을 향한 것이라면 일반적으로 수행 목표가 유익하다는 사실을 알 수 있었지요. 실패를 피하기 위한 수행 목표는 실제 실패했을 때 '무기력'에 빠질 수 있는 위험이 있습니다.

이번 주에는 정말 중요한 주제인 '다른 이들에게 어떻게 동기부여를 할 것인가?'를 함께 살펴보도록 하겠습니다. 이 주제는 그 동안 매주 '동기부여 하는 분들을 위한 오늘의 교훈' 형식으로 조금씩 다뤄졌습니다. 하지만 오늘은 한 번에 다 모아서 종합적으로 이 주제를 다뤄보려고 합니다.

말할 필요도 없이 다른 이에게 동기부여를 어떻게 할 것인가의 문제는 우리 모두에게 중요한 주제입니다. 나이가 들면 들수록 우리는 다른 이들을 감독하거나 지도하는 책임을 점점 더 많이 맡게됩니다. 부모의 역할이 될 수도 있고, 관리자나 심리치료사, 코치, 교사의 입장으로 이러한 역할을 할 필요가 생기지요. 어떻게 해야 우리가 지도해야 할 대상이 양적으로나 질적으로 잘 동기부여가되어 맡은 과업을 잘 해낼 수 있을까요? 어떻게 하면 우리가 요청한 일들을 하고 싶게끔 만들 수 있을까요? 어떤 방법이 정말 효과적일까요? 오늘 그 답들을 찾아보겠습니다.

5.1 활동: 타인에게 동기부여하기

살면서 다른 이들에게 동기부여를 해야만 하는 몇 가지 상황을 떠올려 보십시오. "저는 코칭 클라이언트들이 자신의 목표를 향해 계속 갈 수 있도록 동기부여를 해야 합니다"와 같은 통상적인 역할일 수도 있고, "저희 딸이 친구들과 놀러 가기 전에 숙제를 다 할 수 있도록 동기부여를 해야 해요"와 같이 여러분과 특정 관계에 있는 사람이 동기부여의 대상이 될 수 있습니다. 여태까지 보통 어떤 식으로 이 과정이 이뤄졌는지, 잘 됐을 때나 그렇지 못했을 때를 떠올려 보세요. 아래의 질문에 대한 답을 적어보세요.

1. 보통 처음 목표나 해야 할 일을 해야 한다고 어떻게 이야기하나요?

2. 위의 제안에 상대방은 어떻게 반응하고 대답하나요?

3. 이와 같은 상황에서 반복적으로 나타나는 문제는 무엇인가요?

4. 다른 이를 가장 성공적으로 동기부여한 때는 언제인가요?

5. 동기부여 과정에서 헛수고를 하고 있다고 느껴지는 때는 언제인가요?

생각해보면 다른 이에게 동기부여를 한다는 건 모순적입니다. 동기는 여러분이 가지고 있고 이를 다른 이에게 주입시키려고 애쓰니 말입니다. 여러분의 동기가 전염성이 있어서 다른 사람에게까지 퍼지기를 바라는 것과 같습니다. 하지만 어쩌면 이는 불가능한 일일지도 모릅니다. 여러분의 동기가 다른 이의 동기가 될 수는 없습니다. 본인 스스로만이 동기를 가질 수 있습니다. 그래서 결국 이 문제는 '어떻게 하면 우리가 다른 사람들이 그들 스스로 유사한 동기를 가질 수 있도록 할 수 있을까?', '우리가 없더라도 계속 그 동기부여가 지속되도록 유도할 것인가?'라는 질문으로 이어지게 됩니다.

이미 자기결정이론에 대한 논의를 할 때 이 질문에 대한 한 가지 답이 나왔습니다. 자기결정이론은 동기부여의 이유(why) 문제를 내면화 정도로 설명하고 있습니다. 사람들은 보통 무동기(무기력)에서부터 외부의 동기(보상), 부과된 동기(죄책감), 그리고 확인된 동기(신념), 내재적 동기(즐거움)에 이르는 내면화 정도에 따라 다른 동기를 가지고 있습니다. 동기가 내면화되면 자아가 이를 온전히 받아들여서 누군가에 의해 떠밀려서 하는 것이 아니라 본인 나름의 이유를 갖고 행동하게 됩니다.

자기결정이론에 따르면 내면화의 비결은 동기부여를 해야 하는 주체가 동기 부여 대상의 자율성을 존중하는 것이었습니다. 자율성 존중을 위해서는 2가지 기본 사항을 지켜야 합니다. 첫째는 먼저 동기부여 대상의 입장에서 그들의 상황을 인정하고 주체와 대상의 차이를 없앨 수 있도록 노력합니다. 예를 들면 수학 선생님이 학생들에게 이렇게 말할 수 있겠지요. "너희가 삼각 함수를 배우고 싶어 하지 않을 수 있다는 거 알아. 나도 처음 배울 때 정말 재미없어 보였던 것 같아." 이렇게 말하는 이유는 여러분이 다른 이의 자아를 인정하고 존중하고 있음을 보여주기 위함입니다. 즉, 그들의 생각을 중요하게 생각하고 공감대를 만들고 싶다는 의미입니다.

두 번째로 자율성을 존중하는 동기부여 주체는 그 상황에서 가능한 선택사항을 많이 제시하려고 노력합니다. 예를 들어, 수학 선생님이 "그 문제를 혼자 풀어도 되고, 그룹으로 친구랑 같이 풀어도 돼. 너희 마음이야. 그리고 원하는 때 하면 돼. 여기서 하지 않더라도 집에 가서 해도 좋아"라고 하면 선택사항을 줄 수 있겠지요. 이렇게 하는 이유는 학생들이 자신이 원해서 문제를 푼다는 느낌을 가지게 하기 위해서 입니다. '선생님이 하라고 해서 하는 거야'라고 느끼기보다는 '내가 원하는 때에, 원하는 방식이기 때문에 하는 거야'라고 느낄 때 배움의 효과가 더 높습니다.

물론 항상 선택사항을 제시할 수 있지는 않지요. 첫째, 기본 활동에 대해서는 선택권을 줄 수 없을 수 있습니다. 수학 수업에서 삼각함수를 배우고 배우지 않고는 학생들의 선택사항이 될 수 없겠지요. 직장에서 직원이 지출내역서를 작성해야 하는 것은 그 일이 특별이 재미있지 않아도 꼭 해야 할 일입니다. 둘째, 원하는 때와 방식에 대한 선택사항조차 줄 수 없을 때도 있습니다. 특정 시점에 특정 방식으로 치러야 하는 수학시험의 경우는 선택권을 줄 수 있는 여지가 없습니다. 사무실에서도 특정 방식으로 특정 시점까지 마쳐야 하는 정형화된 업무를 완수해야 할 경우 같은 상황이 됩니다. 이런 경우에는 선택사항을 줄 수 없는 상황에 대한 의미 있는 이유를 알려주는 것이 매우 중요합니다. "왜 이런 식으로 시험을 쳐야 하나요?"에 대한 질문에는 "모든 사람에게 똑같이 공정한 환경을 주고 공정하게 점수를 비교할 수 있도록 하기 위해서지"라는 답변을 줄 수 있고, "삼각함수는 왜 중요한가요?"라는 질문에는 "삼각함수는 모든 높은 수준의 수학을 이해하기 위해 꼭 알아야 하고 삼각함수를 알면 너에게 훨씬 더 도움이 될 거야"와 같이 납득할 수 있는 이유를 설명하는 과정이 필요합니다. 이런 과정은 "그냥 내가 말한 대로 해라" 또는 "네가 답해보렴"이라고 말하는 식의 대응과는 기본적으로 차이가 있습니다.

어떤 분들은 이렇게 생각할 수도 있습니다. "당연한 이야기 아닌가? 그냥 동기부여 대상에게 잘해주라는 말이겠지" 하고 넘기실 수 있습니다. 그렇지요. 당연한 말일 수도 있습니다. 하지만 그렇다고 절대 쉬운 일은 아닙니다. 다른 이를 동기부여 해야 하는 책임을 맡은 사람들은 나름의 고충이 있습니다. 첫째, 동기부여 주체는 그 상황에서 갑이라고 할 수 있으며 힘을 가진 사람입니다. 인간의 본성상 이런 '갑'의 위치를 즐기고 충분히 활용하고 싶어질 수 있고, 소위 말하는 '권력 부패'가 일어날 수 있지요.

둘째, 동기부여 주체는 힘과 함께 책임도 가지고 있습니다. 교사, 관리자, 코치가 좋은 성과를 내지 못하게 되면 본인의 일자리나 평판이 위험에 처하게 될 수 있습니다. 그렇다 보니 본인이 원하는 목표를 달성하기 위해 권력을 휘두르고 노력을 강요하는 경향이 생기게 됩니다. 안타깝게도 이런 경우는 역효과가 있을 수 있습니다. 전에 이민자 부모가 자신의 문화적 전통을 자식들에게 강요할 때 이민 2세대들은 오히려 그 부모세대의 전통을 내면화하지 못하는 결과가 나온 것과 마찬가지이지요.

셋째, 동기부여 주체는 인내심이 있어야 합니다. 동기부여 대상에게 어느 정도의 선택권을 주게 되면 원하는 만큼 빨리 결과물이 나오지 않을 수도 있고, 원하는 방식으로 일이 마무리되지 않을 수도 있습니다. 그렇다고 해서 원하는 결과의 수준을 낮추라는 뜻은 아닙니다. 그 대신 계속해서 피드백을 주고 필요한 시간이 걸리는 것을 기꺼이 받아들여야 합니다. 자율성을 존중하는 멘토링은 동기부여 대상이 스스로 동기부여를 할 수 있을 만한 방식과 기간을 정하는 과정의 협상이라고 할 수 있습니다. 중요한 것은 '상황 때문에 할 수밖에 없다'라고 느끼기보다 '스스로 하는 거다'라고 느낄 수 있도록 내면화를 유도해야 한다는 점입니다.

다시 말하지만 정말 쉬운 일이 아닙니다. 자율성 존중은 하나의 기술이고 연습이 많이 필요합니다. 제 개인적 경험을 소개할까 합니다. 저는 대학원생들 대상으로 할 때 이 기술을 잘 활용하는 편입니다. 어떤 프로젝트를 할 것인지 언제 어떻게 할지를 스스로 결정할 수 있게 합니다. 하지만 이미 학생들은 스스로 선택해서 대학원에 왔고 제 지도를 받아들이기로 했기 때문에 큰 문제는 없습니다. 하지만 저희 집 애들에게 이 자율성 존중 기술을 활용하는 것은 잘 못하고 있습니다. 첫째, 애들은 방이 깨끗하던지 말던지, 방을 나가면서 불을 끄던 말던 신경도 쓰지 않습니다. 그리고 무슨 말을 해도 신경 쓰지 않을 것 같습니다. 때로는 냉소적이 되거나 통제적이 되곤 합니다. 둘째, 아이들은 한계를 실험하면서 부모로부터 독립하려는 면이 있습니다. 이런 면 때문에 위에서 말한 협상의 과정도 불가능합니다.

하지만 최근 제가 느낀 작은 승리의 순간도 알려드리겠습니다. 11살짜리 아들에게 구구단을 외우게 하는데 그 동안 참 쉽지 않았고 가끔은 눈물의 장면을 연출하기도 했지요. 하지만 오늘 아침, 아들이 스스로 그 동안 외우려고 노력한 구구단(6x8=48, 7x9=63)을 외우길래 기뻐서 정말 자랑스럽고 훌륭하다고 말해주었습니다. 부디 아들의 입장에서 말하고 왜 구구단이 중요한지 설명했던 저의 노력이 드디어 효과를 발휘하고 있는 것이기를 바랍니다.

그럼 이제 잠시 자율성 존중이 아닌 것은 무엇인지에 대해 생각해보도록 하겠습니다. 첫째, 자율성 존중은 방임이 아닙니다. 내가 관리해야 하는 사람들이 하고 싶은 대로 그냥 내버려 두거나 비생산적이거나 위험한 일을 해도 방치해서는 안 됩니다. 아이들이 차가 많은 길에서 놀거나, 아프지도 않은데 학교를 빠지려고 할 때 이를 자율에 맡길 수는 당연히 없겠지요. 회사에서도 마찬가지로 결근을 마음대로 하거나, 중요해 보이지 않는 팀 미팅은 빠지려고 하거나, 비윤리적으로 업무를 하는 직원을 좌시할 수는 없습니다. 따라서 자율성을 존중한다고 해서 규칙이나 기대, 기준 혹은 잘못된 행동에 따른 책임이 없다는 뜻은 아닙니다.

대신 아랫사람들이 거부하거나 거절하는 방식이 아닌 이해하고 수용할 수 있는 방식으로 규칙과 기대, 그리고 책임에 대해 이야기한다는 의미입니다. 규칙과 기준을 세운다는 말은 "네가 좋아하던 싫어하던 상관없이 내가 시키는 대로 해"라는 식의 강압적인 태도와는 다릅니다. 강압적인 태도는 규칙과 기준에 대한 거부감만 키울 뿐입니다. 예를 들어, "난 항상 이런 식으로 해왔으니까, 너도 이렇게 하면 돼"라고 말하는 관리자는 "난 항상 이렇게 해왔는데, 넌 다르게 할 수도 있을 것 같아. 같이 이야기해보자"라고 말하는 관리자에 비해 아랫사람에게 내면화된 동기를 부여하기가 어렵습니다.

둘째, 자율성 존중은 체계의 부재가 아닙니다. 어떤 상황에서 여러 가지 체계가 있을 수 있는데 핵심은 어떻게 체계에 대해 이야기하고 이를 적용하는가입니다. 예를 들어 자율성을 존중하는 헬스 트레이너는 매우 다양한 종류의 운동 프로그램을 준비해서 고객이 고를 수 있도록 할 수 있습니다. 각각의 프로그램은 매우 정확한 일련의 단계와 과정으로 구성되어 있지요. 사람들은 이런 프로그램을 싫어하지 않고 오히려 단계별로 따라갈 수 있는 효과적인 계획을 선호하기도 합니다. 그래서 아마도 특정 프로그램이나 식단을 알려주는 자기계발서들이 그렇게 인기가 많은가 봅니다. 여기서 핵심은 트레이닝을 받는 사람이 개인적으로 이 계획이나 프로그램을 따르고 싶은 마음이 생겨야겠지요. 자기결정이론이나 목표 시스템 관점에서 보면 자아가 프로그램에 끌려가는 것이 아니라 자아가 프로그램을 온전히 자기 것으로 받아들여야 합니다. 동기부여의 '메뉴 접근법'이라고 생각할 수도 있습니다. 몇 가지 선택할 수 있는 체계가 있고 이를 선택할 수 있는 권리가 있지만 애초에 메뉴에 올라온 선택사항에는 제한이 있다는 의미입니다.

5.2 되돌아 보기: 보통 어떻게 동기부여를 하나요?

다시 여러분이 다른 이들에게 동기부여를 해야 하는 상황을 떠올려 보십시오. 평상시에 어떤 식으로 하시는지를 생각해보셨으면 좋겠습니다. 앞서 말한 자율성은 어느 정도 존중하고 있고 강압적인 태도는 어느 정도 취하고 있나요? 다시 이런 경우에 여러분에게 권력이 있다면 이를 어떻게 활용하겠습니까? 권력의 차이를 줄이기 위해 노력하시겠습니까? 아니면 이 권력을 휘두르고 이용하겠습니까? 여러분은 협상을 할 때 아랫사람을 파트너로 보나요? 아니면 상황을 악용하려고 하는 게으름뱅이로 보나요? (저는 종종 저희 아이들을 후자로 봅니다.) 이 질문들에 대해 생각해보십시오. 이에 대한 답이나 생각, 깨달은 점 등을 적어보세요.

타인에게 긍정적인 동기부여를 하기 위해서 자기결정이론에서는 주어진 상황에서 자율성과 자아 관념을 존중하라고 말합니다. 성취 목표에서는 어땠나요? 캐롤 드웩의 처방은 다소 간단합니다. '동기부여해야 할 이들이 배움과 숙달 목표에 집중할 수 있도록 도와 그들이 능력에 대해 증진이론을 키워갈 수 있도록 한다'입니다. 더 구체적으로 말하면 학생, 직원 혹은 자녀들을 목표 달성을 위해 지도해야 할 때 상이나 칭찬 혹은 인정을 지나치게 강조하지 말고 대신 이 경험을 통해 배울 수 있는 점과 같이 그 과정에 대해 강조하는 것이 바람직합니다. 실패했을 때에는 비판이나 비난을 하기보다는 무엇을 배웠는가에 중점을 두어야 합니다. 그리고 다음에 더 잘하자는 다짐을 하는 게 좋겠지요. '너는 수학에 좀 약해'와 같은 단정적인 표현은 피해야 합니다. 왜냐하면 이러한 표현은 스스로 부족한 사람이고 어쩔 수 없는 사람이라는 생각을 강화시킬 수 있기 때문입니다.

흥미로운 질문을 하나 해보겠습니다. 만약 누군가 일을 잘해냈을 때 어떻게 해야 할까요? 매우 똑똑하며 재능이 있다고 말해야 하나요? 일을 잘할 때에는 자연스럽게 칭찬을 받아야 하는 건 아닌가요? 물론 다른 사람들의 칭찬을 통해 내가 가진 능력에 대한 결과를 누릴 수는 있지만, 칭찬과 나의 자아를 동일시하는 것은 조심해야 합니다. 어떤 면에서 최고라고 느낄 수 있는 달콤함을 얻을 수는 있겠지요. 이는 성공 후에 내부-고정적 요소를 원인으로 돌리는 식이 좋다는 주제로 다시 돌아가게 됩니다. 어떤 면에서는 최고라고 느낄 수 있는 달콤한 순간일 수는 있지만 이는 달콤함 끝에 건강에는 무익한 사탕 같은 상황은 아닐까요? 성공했을 때 내부-고정적 요소로 공을 돌리기보다는 항상 노력이나 인내 혹은 끈기와 같은 내부-유동적 요소 때문이라고 생각해야 하는 건 아닐까요?

1998년 캐롤 드웩과 동료들이 이 주제와 관련해서 아이들을 대상으로 지능검사를 실시하는 실험을 진행했습니다. 3개의 그룹에게 문제를 풀게 한 후 모두에게 성적이 좋다고 말해주었습니다. 그리고 A그룹에는 "넌 정말 똑똑한 것 같다", B그룹에는 "정말 열심히 노력했구나", C그룹에는 아무 말도 해주지 않았습니다. 그리고 다음 시험에는 어떤 목표를 추구하고 싶은 지 물었을 때 "똑똑하다"라는 피드백을 받은 A그룹은 수행 목표를 택하는 경향이 높았고 "노력을 많이 했다"는 B그룹은 숙달 목표를 선택했습니다.

두 번째 시험을 치른 후에는 결과에 상관없이 아이들에게 성적이 좋지 않다고 말했습니다. 몇 번의 공부 시간을 거쳐 처음에 "똑똑하다"는 피드백을 받은 A그룹의 아이들은 세 번째 시험에서 성적이 제일 낮았고 노력도 가장 안 했으며 전체 실험을 가장 재미없게 생각했으며, '자유 선택' 기간 동안 가장 적은 문제를 풀었습니다. 또한 이 아이들은 후에 자신과 함께 시험을 친 다른 친구에게 자신의 성적을 거짓말로 이야기하는 성향도 더 높았습니다. 단 한 문구의 칭찬이 이 모든 부정적 결과를 만들어 냈습니다. 이와는 대조적으로, 노력에 대해 칭찬을 받은 B그룹의 아이들은 세 번째 시험에서 가장 성적이 높았습니다.

5.3 되돌아 보기: 적절한 칭찬의 올바른 조건

어떤 조건에서 칭찬이 긍정적인 동기를 불러일으킬 수 있고 어떤 조건에서는 역효과가 날까요? 혹시 동기부여 목적이 통제인지 아니면 자율성을 존중하기 위함인지가 중요한 건 아닐까요? 즉, 칭찬을 통해 아랫사람의 성과를 조작하려는 의도인지 아니면 칭찬을 통해 보다 많은 동기의 내면화를 도와주려는 것인지가 중요하진 않을까요?

큰 그림 보기: 칭찬은 피해야 하는 것인가?

기분 나쁜 실패뿐만 아니라 기분 좋은 성공조차도 잘못된 동기부여 결과를 낳는 역효과를 가져올 수 있습니다. 동양 문화에서는 잘했다고 해도 그 사람 자체를 추켜 세워 주지 않는 듯합니다. 칭찬을 한다면 능력에 대한 칭찬이 아닌 노력이나 끈기에 대한 칭찬을 합니다. 사실 처음 이러한 연구들을 읽고 나서 저는 8살짜리 딸을 더 이상 "똘똘한 꼬맹이"라고 부르지 않기로 했습니다. 대신 학교 숙제에 진지하게 임하고 숙제를 하는 동안 스스로 자기조절을 잘한 것에 대해 칭찬을 하려고 노력했습니다.

물론 캐롤 드웩은 칭찬, 상 등을 주어서는 안 된다고 말하는 것이 아닙니다. 직장에서도 직원들은 인정받으면서 일하고 싶어합니다. 단, 능력이나 재능에 대한 칭찬보다는 그들의 노력이 회사에 얼마나 큰 공헌을 하고 있는지에 대한 칭찬이 더 유익하다는 뜻입니다. 생각해보십시오. 우리의 능력이 정해진 기질 혹은 타고난 재능이라면 우리가 할 수 있는 게 없습니다. 타고 나는 것이니 인정받을 이유도 없습니다. 인정받을 수 있는 점이 있다면 우리의 능력이 무엇이든 이를 최대한 활용해서 어려움이 있어도 멈추지 않고 계속 나아가는 태도입니다.

하지만 긍정심리학에서 새롭게 떠오르는 "인정"이라는 동기부여 기술이 있음을 알려드리도록 하겠습니다. 이는 동기부여 대상이 가진 대표적인 강점을 인정한다는 뜻으로 예를 들면 "그 보고서를 시간에 맞춰 다 끝내다니 정말 의지가 대단하네요"라고 칭찬을 합니다. 그냥 "보고서를 시간 안에 마치다니 잘하셨어요"라고 말하기보다 "열정과 의지가 강해서 늘 좋은 인상을 받았습니다"라고 말하는 식이지요. 또한 갤럽 조사에 따르면 특정 형태의 칭찬은 효과적이라고 합니다. "이달의 우수 직원"과 같은 상이 아니라 상사가 자주 긍정적 피드백을 주는 식의 칭찬을 뜻합니다. 왜 이런 종류의 칭찬은 효과가 있을까요? 그 이유는 직원의 노력과 강점을 인정하는 '과정 중심의 칭찬'이기 때문일 것입니다. 가장 중요한 주의사항은 칭찬으로 그 사람의 자아를 부풀어 오르게 해서 앞으로 계속 칭찬 받을 만한 행동을 유지하지 못 할까 봐 두렵게 만들어서는 안 된다는 점입니다. 칭찬이 자신의 강점을 활용하기 위해 쏟은 그 사람의 노력을 향한 것이어야 그 사람의 자아도, 미래의 실패에 대한 두려움도 크게 부풀지 않게 됩니다.

5.4 되돌아 보기: 적절하게 칭찬하기

여러분 주변 사람들을 언제, 어떻게 칭찬하는지를 잠시 생각해보십시오. 어떤 면을 강조해서 칭찬하나요? 능력과 변하지 않는 성향? 아니면 노력이나 향상되고 있는 성향? 칭찬으로 자아가 부풀고 향후의 성과를 떨어뜨리는 역효과가 나는 듯한 경우를 경험한 적이 있나요? 이에 대한 생각이나 깨달음을 적어 보세요.

W5. 핵심포인트

종합: 타인을 동기 부여할 때 고려해야 하는 핵심 요소

- 일과 자아존재감을 연결시킬 수 있는 방법을 찾아 자율성을 존중해주시기 바랍니다. 그들의 입장에서 상황을 공감해주고 일을 진행함에 있어 다양한 선택사항 제시해주세요. 나아가 요청하는 업무가 어떤 의미를 갖고 있는지 설명하는 것이 좋습니다.
- 통제하려고 하거나 힘을 이용해 원하는 결과를 강요하려고 하지 말아야 합니다. 이는 업무적 협상이지 명령이 아님을 기억하며 만족스러운 결과가 나올 때까지 인내심을 유지하시기 바랍니다.
- 수행 목표보다는 숙달 목표를 강조하는 것이 효과적입니다.
- 동기부여 대상의 변하지 않을 것 같은 능력에 대해서는 아무리 긍정적이어도 피드백은 피하세요. 대신, 이들의 노력, 배움, 끈기에 대해 구체적으로 피드백해주세요. 또한, 성취에 대해 불변 이론보다는 증진 이론을 지지하시기 바랍니다.
- 동기부여 대상의 일반적인 능력보다는 그들의 특별한 강점을 인정해주세요. 이들의 강점과 역량이 팀이나 조직 전체 목표에 얼마나 공헌을 하고 있는지를 알려주세요.
- 실패의 순간에는 실패로부터 배울 수 있는 점과 향후에 개선점에 집중하세요. 내부-유동적 요소로 실패의 원인을 돌리세요.

참고자료: 타인을 동기부여할 때의 핵심 요소

아래 내용은 타인을 동기부여 할 때의 추가적인 권고사항을 적어놓은 것입니다. 몇 주차에 다룬 개념인지 표시되어 있으니 참고하시면 됩니다.

2주차

할당하는 업무를 외재적 용어보다는 내재적 용어로 표현하세요. "이 일로 돈을 벌 수 있습니다"보다는 "이 일이 회사에 도움이 될 겁니다"로 표현하는 것이 낫다는 의미입니다. 이는 동기부여에서 목표(what)에 해당됩니다.

보상 위주의 외부 동기나 죄책감 때문에 하게 되는 부과된 동기보다는 내재적 혹은 확인된 동기와 같은 내면화된 동기를 불러일으킬 수 있도록 하십시오.

3주차

동기부여 대상의 목표 시스템에서 자기 조절 면에서 부족한 점이나 계획에서 빠진 면을 인식하고 그들이 무엇이 필요한지 더 잘 알 수 있도록 도와주고 성공을 위해서 구체적인 기술과 계획을 갖출 수 있도록 이끌어야 합니다. 이는 동기부여의 방법(how)에 해당되는 내용입니다.

동기부여 대상에게 상충하는 목표를 할당하지 않도록 합니다. 그리고 현재 성과에 방해가 될 수 있는 이미 존재하는 상충목표들은 없는지 살펴야 합니다. 이 역시 동기부여의 방법(how)에 해당되는 내용입니다.

동기부여 대상이 주어진 일을 잘 해낼 수 있을 거라는 신뢰를 항상 보여주십시오. 그리고 그들의 야심 찬 계획을 너무 쉽게 꺾어 버리지 마십시오. 이는 자신감과 자기효능감을 키워 줄 수 있습니다.

적당한 상황이 발생했을 때 자동으로 행동할 수 있게끔 하는 실행의도를 만들도록 돕는 등 목표와 관련된 행동을 자동적으로 대비할 수 있는 환경을 만들어 주십시오. 이렇게 하면 의식적으로 생각하지 않아도 동기화된 행동을 할 수 있게 해줍니다.

가능하면 항상 목표를 표현할 때 회피 목표보다는 접근 목표가 되도록 하십시오. 사람들이 무엇을 피하려고 하는 지에 집중하기보다는 어디를 향해 가려고 하는지에 초점을 맞추는 것이 더 좋습니다.

동기부여 대상이 자기와 잘 맞는 목표를 정할 수 있도록 도와주십시오. 사실은 댄서가 되고 싶은 의대지망생의 예에서 알 수 있듯이 타고난 기질과 재능, 관심을 잘 표현할 수 있는 목표를 선택하는 것이 좋습니다.

Week 6 읽을거리

쉘던의 《Testing 10 Candidate Psychological Needs》을 읽어 보세요.
http://web.missouri.edu/~sheldonk/pdfarticles/JPSP01mostsat.pdf
'Optimal Human Being'을 가지고 있다면 심리 욕구 문제를 다룬 4장을 읽어보면 좋겠습니다.
마지막으로 쉘던과 크리거가 3년에 걸쳐 법대생들을 대상으로 실시한 연구 결과를 읽어보십시오.

http://papers.ssrn.com/sol3/papers.cfm?abstract_id=913824

Week 6

사람들이 정말
원하는 것은 무엇인가?

사람들이 정말 원하는 것은 무엇인가?

지난 시간에 우리는 타인의 동기를 어떻게 불러일으키고 더 강하게 만들 것인가를 살펴 보았습니다. '어떻게 우리의 동기를 다른 사람에게 전달해서 그들이 우리가 필요하다고 생각하는 일을 하고 싶게 만들 것인가?'라는 어려운 문제도 다루었지요. 명확한 방법 중에 하나는 그 행동을 할 만큼의 유인책이나 처벌을 제시하는 길이겠지요. 하지만 이는 내면화된 동기가 아니기 때문에 장기적으로 역효과를 나을 수도 있습니다. 보상이나 처벌이라는 조건이 사라지면 함께 사라져 버릴 동기라는 뜻입니다.

타인을 동기부여하는 효과적인 길은 자율성을 존중하는 방법입니다. 동기부여 대상의 입장에서 공감하고, 가능한 많은 선택사항을 제시하며 선택사항을 제시할 수 없을 경우는 그 일이 왜 의미가 있는지에 대한 근거를 설명해주는 방식입니다. 그렇게 되면 동기부여 대상은 주어진 일에 자아존재감을 연결시킬 수 있으며 그 목표를 내면화하여 외적 동기에 의해서가 아닌 본인 스스로 원해서 일을 할 수 있게 됩니다. 자율성 존중이라는 기술은 교사, 관리자, 코치 등 동기부여를 심어 주어야 하는 입장에서 지속적인 노력과 인내, 그리고 본인이 가진 특권을 기꺼이 내려놓으려는 의지가 필요합니다. 하지만 이 기술을 익히면 모든 사람을 위해 더 긍정적인 동기부여 환경을 만들어 낼 수 있습니다.

지난 주에 우리는 캐롤 드웩의 성취-목표 관점에서 긍정적 동기부여 방법을 짚어 보았습니다. 드웩의 관점에서 보면 우리는 실패 후 불변하는 요소로 원인을 돌려서는 안 되며 노력과 관심이 필요한 부분에 대해서 집중해야 할 것입니다. 그리고 우리의 상식과는 반대로 성공 후에도 '똑똑해, 타고 났네, 예쁘다'와 같이 불변하는 요소에 대한 칭찬은 피하는 것이 좋습니다. 대신 노력했던 면, 배운 점, 그리고 성장한 면에 대해서 칭찬해주는 것이죠. 이는 자아와 연관 짓지 않으면서 사람들의 마음을 계속 그 일에 몰입할 수 있도록 하기 위함입니다. 드웩의 권고사항은 많은 현대의 자존감 연구가들의 조언과 일치합니다. 전문가들은 직접적으로 타인의 자존감을 높여주는 일은 피해야 하며 그들이 목표를 성취하는 데 자존감을 걸고 하지 않도록 해야 한다고 말합니다. 자아는 수호해야 할 상징이 아닌 닿을 수 있는 자원으로 존재하는 편이 훨씬 낫습니다.

자, 이제 지금쯤이면 여러분도 검증된 연구 자료를 바탕으로 한 현대 동기 이론의 개념들에 대해 어느 정도 이해하셨을 거라 생각합니다. 부디 여러분의 개인 삶과 직장에서 이 개념들을 활용할 수 있는 방법들을 많이 얻어 가셨으면 좋겠습니다. 마지막 주인 6주차에는 '궁극적으로 동기를 유발하는 요소가 무엇인가?'라는 질문의 답을 찾아보려 합니다. 이는 사람들이 살면서 진정으로 필요로 하고 의지하는 것은 무엇인가라는 질문입니다. 이에 대한 답이 아주 단순할 수도 있습니다. 자기결정이론에서는 우리가 자율적이고 유능하며 좋은 관계를 맺고 있는 사람이라고 느끼고 싶어 한다고 말합니다. 사실 이 세 가지 느낌의 유무가 대부분의 초기 패턴과 결과를 설명해줍니다.

1주차에 매슬로우의 유명한 욕구이론에 대해 간단히 이야기했습니다. 다시 짚어보면 매슬로우는 5가지 기본 욕구가 있다고 말합니다. 생리적 욕구, 안전/안정의 욕구, 애정/소속감의 욕구, 존경의 욕구, 자기실현의 욕구로 나누어 집니다. 매슬로우는 사람들이 이 욕구들을 단계별로 충족시키고 싶어 한다고 주장했습니다. 풍족한 음식과 집 등 생리적 욕구가 일단 만족되면 심리적인 안전과 안정을 추구하게 되고, 그 후에는 타인과 의미 있는 관계를 맺고 싶어지며, 이 욕구도 만족되면 성공과 자존감을 향해 가게 되고, 마지막으로 모든 것을 얻게 되면 자아실현의 욕구로 넘어가서 자기초월, 영성을 추구하게 되고 자신의 최고 잠재력을 발휘하고 싶어 한다는 것이죠. 여러 가지로 일리 있는 이론이지만 단계별 욕구에 대한 확신보다는 그렇지 않은 경우가 더 많은 것 같습니다. 어떤 사람들은 생리적 그리고 안전의 욕구가 만족되지 않더라도 그보다 상위 욕구를 추구하기도 합니다. 또 어떤 사람들은 다른 욕구가 다 만족되어도 자기실현 욕구를 추구하지 않기도 합니다. 그리고 매슬로우의 다섯 가지 욕구가 모두 필요한지도 확실하지 않습니다. 예를 들어, 우리는 자존감, 그리고 자아에 집중하게 되면 일반적으로 득보다 실이 많다는 사실을 확인하기도 했습니다.

6.1 활동: 가장 만족스러웠던 사건

다음 장을 준비하는 과정으로 잠시 시간을 내어 여러분이 작년에 경험했던 일 중에 가장 만족스러웠던 때를 떠올려 보십시오. "만족스러운"이 무엇을 의미하는지 여러분이 이해하는 모든 방식으로 설명해보세요. 그리고 나서 작년에 기억나는 가장 만족스러운 사건을 떠올려 보십시오. 지금 꼭 해 보십시오. 그리고 이 사건에 대해서 적어 보시기 바랍니다.

미국심리학회(APA: American Psychological Association)에서는 사람들의 '진정한 심리적 기본 욕구는 무엇인가?'에 대한 답을 찾기 위한 연구를 실시했습니다. 즉, 어떤 경험들이 전 세계 사람들의 행복과 안녕을 위한 필수 조건이 되는가에 관한 연구였지요. 국제적 관심을 받은 이 연구에서는 10개의 '후보 욕구'를 대조하여 어느 욕구가 가장 중요한지를 살펴보았습니다. 실험 참가자들은 살면서 "가장 만족스러운 사건"에 대해 적고, 10가지 후보 욕구의 존재에 대한 점수와 당시의 감정 상태에 대해 점수를 매겼습니다. 10가지 후보 욕구에는 매슬로우의 5가지 욕구인 건강, 안전, 관계, 자존감, 자아 실현도 포함되어 있고, 자기결정이론의 유능함과 자율성의 욕구도 포함되어 있었습니다. 그 외에도 인기/명성, 돈/호사, 자극/쾌락과 같은 욕구도 포함되었습니다.

그 결과, 자기결정이론의 자율성, 유능감, 관계성, 그리고 매슬로우의 5가지 욕구 중 하나인 자존감이 '만족스러운 사건에서 만족스러움을 느끼게 해준 요소'로 가장 높은 순위를 차지했습니다. 이 4가지 예측변수는 순위를 매기는 데 있어서 가장 높은 평균 점수를 받았고 각각 만족스러운 사건이 일어나는 동안 참가자의 감정 상태를 긍정적으로 이끌었습니다. 다시 말해, 사람들이 만족스러운 사건을 꼽을 때 자율성과 유능감, 관계성, 그리고 자존감이 높은 경험을 떠올리는 경향이 있다는 뜻입니다. 또한 이 4가지 욕구가 많이 채워지면 채워질수록 그 경험을 하는 동안 더 행복했던 결과가 나왔습니다. 우리가 세웠던 기준에 따르면 나머지 후보 욕구인 건강, 안전, 자아실현, 인기/명성, 돈/호사, 자극/쾌락의 욕구는 기본적 심리욕구가 아니었습니다. 단, 여기서 유의할 점은 실험 대상이 대학생 샘플이기 때문에, 노인층과 같이 다른 샘플을 대상으로 했다면 건강 등 다른 욕구가 중요한 욕구로 나타났을 수도 있습니다. 이 결과는 자기결정이론의 기본 심리욕구에 대한 주장을 잘 뒷받침하고 있습니다. 하지만 여기서 자존감은 잠시 살펴볼 필요가 있습니다. 앞서 목표를 달성하는 데 자존감은 문제가 될 수 있다고 언급했습니다. 사실 자존감은 가지고 있으면 좋습니다. 하지만 목표를 달성하는 과정에서 자존감이 없다고 이를 얻는 데만 너무 집중하게 되면 문제가 될 수 있습니다. 목표를 달성하기 위한 노력에 집중하는 것보다 자존감을 얻기 위해 애쓰면서 사람들은 불변주의자나 자아중심적이 될 수 있고, 나아가 행복을 오래 유지하게 하는 심오한 자원을 스스로 잃어버리게 됩니다.

자기결정이론의 세 가지 욕구에 대해 좀 더 이야기해보도록 하겠습니다. 자율성은 익숙할 겁니다. 전에 확인된 동기와 내재적 동기는 모두 자율적 동기라고 하였습니다. 왜냐하면 두 동기 모두 자아를 표현하는 느낌이 들기 때문입니다. 더 일반적으로 표현하자면 사람들은 자신이 하고 있는 행동을 지지하고 선택하고 소중하게 생각하기 위해서 그 일을 자기 것으로 받아들여야 합니다. 그래서 자율성을 존중하는 동기부여가 중요한 이유입니다. 주어진 상황에서 사람들이 자율성의 욕구를 충족할 수 있도록 도와줌으로써 이 동기부여 스타일은 동기부여 대상이 최상의 성과와 인내를 발휘할 수 있도록 해줍니다. 자율성은 어떤 면에서는 자기결정이론의 3가지 욕구 중에 가장 논란이 많은 욕구입니다. 왜냐하면 사람들은 종종 자율성을 다른 이에게 의지하지 않으려는 독립성이나 다른 사람은 신경 쓰지 않는 자기중심성으로 혼동하기 때문입니다. 자율성은 이 2가지와는 다릅니다. 일부 학자들은 자율성이 정말 보편적인 것인지 의문을 갖습니다. 개인의 관심사를 경시하도록 교육하는 집단주의적 문화에서는 자율성이 그리 중요하지 않을 수도 있지 않을까요? 사실 많은 문화권에 걸쳐 이루어진 연구 자료에서 독립심이나 자기중심성이 아닌 자유의지와 주인 의식으로 측정한 자율성이 모든 인간에게 중요하다는 사실을 보여주고 있습니다. 자기결정이론 웹사이트(www.psych.rochester.edu/SDT)에 방문하면 이와 관련된 더 많은 정보를 얻으실 수 있습니다.

유능감은 어떤가요? 유능감은 3주차에 다뤘던 자기효능감의 개념과 연결되어 있습니다. 연구에 따르면 사람들은 스스로 쓸모 있는 사람이라고 느끼고 싶고, 잘 할 수 있다는 자신감을 느끼고 싶어합니다. 유능감은 수행 목표와 숙달 목표의 개념과도 연결되어 있습니다. 수행 목표보다는 숙달 목표를 추구할 때 유능감의 욕구가 더 쉽게 채워진다는 연구 결과가 있으며, 특히 수행 목표가 무능함을 피하기 위한 것일 때 유능감을 느끼기가 더 어렵다고 합니다. 유능감의 욕구는 1959년 로버트 화이트가 처음으로 거론하기 시작했고 당시에는 '효능'이라는 용어를 썼습니다. 화이트는 모든 탐색 활동이나 성장 뒤에는 이런 동기가 깔려 있다고 말했습니다. 이는 유능감이 외재적 동기라기보다는 내재적 동기에 해당된다는 주장을 뒷받침하고 있습니다. 따라서 동기 부여 대상을 격려하고 조언과 자원을 제공하며, 할 수 있다는 자신감을 불어넣어줌으로써 자율성을 존중과 동시에 유능감의 욕구도 만족시킬 수 있습니다.

끝으로 관계에 대해서 살펴보도록 하지요. 사실 이 코스에서 관계의 욕구에 대한 이야기는 거의 하지 않았습니다. 대신 자율성과 유능감에 대해서 주로 다루었지요. 관계는 분명 사람들의 행복과 심지어 육체적 건강을 위해 없어서는 안 될 요소입니다. 외롭고 소외된 사람들은 병에 걸리거나 더 일찍 죽음을 맞을 확률도 높기 때문입니다. 간접적으로 관계는 이번 코스의 주제인 사람들의 긍정적 동기부여를 위해서도 꼭 필요합니다. 잘 생각해보십시오. 우리가 다른 이의 자율성을 존중하면 우리는 알게 모르게 그들의 관계 욕구를 채워주게 됩니다. 왜냐하면 우리가 동등한 입장에서 그들을 위해 마음을 쓰고 스스로 선택할 수 있게 해준 만큼 그들을 존중하고 있음을 보여주기 때문입니다. 물론 사람들의 관계에 도움을 줄 수 있는 다른 방법들도 있습니다. 주어진 상황에서 친구나 동료를 사귀도록 권할 수도 있고, 그 상황에서 벗어나 그들의 인간관계 욕구를 조금 더 민감하게 살펴 줄 수도 있습니다.

여기서 중요한 점이 있습니다. 자율성과 관계는 함께 간다는 점이지요. 사람들이 보통 이 2가지 목표가 상충된다고 생각하거나 둘 다 동시에 이룰 수는 없다고 생각합니다. 다른 이와 관계를 맺고 받아주게 되면 자율성을 포기해야 하거나 아니면 반대의 상황이 될 수 있다고 생각합니다. 하지만 이런 경우는 자율성을 독립의 의미로 받아들이거나 사회 생활이 제로썸 게임이어서 우리가 행복하려면 다른 사람은 그렇지 못해야 한다고 믿을 때만 그렇습니다. 자율성은 독립을 의미하지 않고, 사회 생활은 제로썸 게임이 아닙니다. 현실에서 우리가 다른 이와 진실된 인간관계를 맺을 때 우리는 자신의 고유한 모습을 모두 보여준다고 느낄 수 있고 또 상대방도 마찬가지입니다. 여기에 갈등 상황은 없고 사실 어떤 때는 자율성과 관계를 데이터에서 분리하기가 어려울 때도 있습니다. 우리가 갈등 상황에 있다고 느낄 때는 보통 인간관계를 맺으려고 하는 사람이 우리를 있는 그대로 봐주지 않고 통제하려는 모습을 보일 때입니다.

되돌아 보기: 자율성과 관계

현재 또는 과거에 다른 사람과 갈등을 겪은 경우를 떠올려 보십시오. 동료와 문제가 있을 때, 상사와 의견이 맞지 않을 때, 결혼생활에 문제가 있을 때일 수도 있겠지요. 이 때 여러분은 어느 정도 자율적이라고 생각하나요? 그리고 상대방과 어느 정도의 인간관계를 맺고 있다고 생각하나요? 어느 한 쪽이 둘 사이의 진정한 관계를 만들기 위해 노력하기보다는 자신이 원하는 것에 더 신경을 쓰고 있진 않았나요? 이 때 여러분의 감정 상태는 어땠나요? 상대방에 대해서는 어떤 생각을 했나요? 결국에는 어떻게 되었나요? 결국 상황이 어떻게 해결되었나요? 그 해결방식이 자율성 혹은 관계와 어떤 관련이 있지는 않았나요? 이 여러 가지 질문에 대해 생각해보고 이에 대한 답이나 깨달음을 적어 보세요.

이제 이전에 떠올렸던 "가장 만족스러운 일"로 돌아가보도록 합시다. 우리가 말했던 연구 결과가 맞는지 스스로 테스트를 해보시기 바랍니다. 그 만족스러웠던 순간이 대부분 여러분이 자율적이며, 유능하고, 좋은 인간관계를 맺고 있다고 느끼는 때였나요? 예를 들면 여러분이 재미있는 기술을 배우기로 선택하고, 그 기술을 익혀서 소중한 사람을 행복하게 하는 데 활용했던 경우일 수도 있겠지요. 자존감도 연관이 되어있었나요? 다른 5개의 후보 욕구들은 어떤가요? 그 때 건강 쾌락, 안정, 돈/호사 혹은 인기/명성의 욕구는 여러분이 그 상황에 만족을 느끼는 데 어느 정도 관련이 있었나요? 혹시 연관이 없었나요? 아니면 저희 연구 결과 나타난 패턴과는 다른 예외의 결과였나요? 잠시 시간을 갖고 이 문제를 생각해보십시오. 그리고 생각나는 것들을 적어보세요.

큰 그림 보기: 종합하여 한 작품으로 만들기

마지막으로 우리가 지금까지 배운 모든 것을 모아 하나의 큰 그림으로 완성해보고자 합니다. 먼저 2007년에 발표한 연구결과를 살펴보면서 이 작업을 시작해보도록 하겠습니다. 이 연구는 3년에 걸쳐 로스쿨 학생들에게 어떤 일이 일어났는지를 알아보는 내용이었습니다. 로스쿨은 '학생들을 좌절시키는 곳'으로 악명이 높습니다. 학생들이 처음에는 로스쿨에서의 경험을 기대하고 낙관적으로 생각하지만 3년이라는 시간을 보내면서 우울증, 소외감, 약물 중독에 빠지는 경우가 많기 때문입니다.

왜 그럴까요? 연구진들은 예상하는 부정적인 변화를 설명하기 위해 자기결정이론을 활용해서 두 개의 다른 로스쿨 학생들을 대상으로 비교 연구를 진행했습니다. A학교는 상대평가로 학점을 주는 매우 경쟁이 심한 곳으로 지위와 경쟁을 강조하고 학생들의 욕구에는 크게 관심을 갖지 않았습니다. B학교는 좀 더 학생 중심의 학교로 절대평가로 학점을 매기고 학생들의 욕구와 심리 상태에 상당한 관심을 가졌습니다. 연구팀은 로스쿨 입학 초기 학생들의 행복 및 일반적인 욕구 만족 정도를 평가하였습니다. 1학년 말에 학교에서 자율성을 존중하는지에 대한 학생들의 인식 조사도 하였으며 3학년 말에 욕구 만족도와 행복도를 측정하였습니다. 3학년 말, 연구팀은 학생들의 학점과 로스쿨 입학이라는 목표의 자기일치성 정도도 함께 측정하였습니다. 그 결과 아래 표1과 같은 특정한 연결 모델을 세울 수 있었습니다. 이 모델이 의미하는 것을 한 번쯤 생각해볼 가치가 있습니다. 왜냐하면 우리가 여태까지 이번 코스에서 다루었던 여러 가지 개념을 한꺼번에 담고 있기 때문입니다.

표 6.1 로스쿨 학생에 대해 진행된 연구를 바탕으로 완성된 모델 – 모든 유의미한 상관관계계수

표 6.1을 보고 알 수 있는 것은 무엇일까요? 먼저 한 가지 생각해야 할 점은 이 표가 양쪽 학교의 학생들 모두 입학 초기와 비교해서 끝날 때 주관적으로 느끼는 행복도가 더 낮았다는 사실을 보여주고 있지 않다는 사실입니다. 따라서, 과거 연구 결과와 마찬가지로 로스쿨은 모든 학생들에게 문제가 되고 있습니다.

하지만 B학교는 문제가 그리 심각하지 않았습니다. 두 로스쿨의 학생들은 학부 때 성적과 입학 성적이 같았습니다. 하지만 1학년을 마친 후 B학교의 학생들은 A학교의 학생들에 비해 자신의 학교가 학생들의 자율성을 상당히 많이 존중하고 있다고 답했습니다. 학교 측이 자신들의 입장을 고려해서 교육과정에 대한 선택사항을 제공하고 있으며 엘리트주의는 적고 덜 통제적이라고 답했습니다. 첫 해 말에 조사한 자율성 존중 인식으로 2년 후에 조사한 자율성과 유능감, 그리고 관계 욕구 만족도도 더 높게 나오리라고 예상했었습니다. 이 분석은 시간 1 만족도를 통제군으로 삼았습니다. 따라서 만족도의 변화에 초점을 맞추었습니다. 결국 만족도의 변화는 이 연구의 최종 결과 변수에 예상 가능한 영향을 주었습니다.

'가장 만족스러운 사건'에 관한 연구에서 보듯이 모든 세 가지 욕구의 만족도에 따라 행복 정도도 올라가고 자율성 욕구 만족도의 변화는 변호사가 되는 목표에 대한 자기일치성 증가로 이어질 것으로 예상되었고, 유능감 욕구 만족도의 변화는 더 높은 성적으로 나타날 것이라 예상되었습

니다. 표에 나타나지 않은 사실은 실제 B학교의 학생들이 A학교의 학생들보다 미국 변호사 자격시험에서 더 높은 성적을 받았다는 점입니다. 로스쿨 원장들이 꼭 주의 깊게 봐야 할 연구 결과가 아닐 수 없습니다. 그리고 어쩌면 관리자로서, 코치로서, 심리치료사로서 여러분도 관심 있게 봐야 할 결과일지 모르겠습니다.

이러한 자료들이 미국의 법학교육개혁 운동에 큰 힘을 싣고 있습니다. 왜냐하면 이 결과들이 그 동안 오랫동안 있어 왔던 비인간적인 법학교육에 대한 비판을 구체적으로 보여주고 있기 때문입니다. 만약 학교측이 자율성을 존중하기 위해 더 노력한다면 학생들은 더 행복하고, 건강하며 성공적일 수 있을 뿐만 아니라, 나아가 법조계나 정치 문화 전반에도 중요한 긍정적 영향을 미칠 수 있을 것 같습니다. 이것이 바로 살아있는 '긍정 동기부여'이지요.

6.2 활동: 동기부여와 자율성 존중 그려보기

앞서 나온 표를 여러분 삶의 중요한 몇 가지 상황에 비추어서 생각해보시기 바랍니다. 여러분이 관리자로 직원들에게 동기부여를 해야 하는 상황이거나 교사, 심리치료사 혹은 코치로 동기부여를 해야 하는 상황일 수도 있겠습니다. 여러분의 경우에는 자율성 존중이라는 요소가 어떻게 작용하고 있나요? 여러분이 더 강화하고 싶은 최종 긍정적 결과는 무엇인가요? 혹은 동기부여 주체가 아닌 동기부여 대상의 입장인 상황을 떠올려 볼 수도 있습니다. 여러분의 상사가 여러분의 자율성을 더 존중하는 모습은 어떤 것일까요? 그 결과 나올 수 있는 긍정적인 결과는 무엇이 될 수 있을까요? 이 작업을 하기 위해서 여러분은 이전 페이지에 있는 박스들을 수정하거나 혹은 재배열을 해야 할 수도 있습니다. 또는 표 안에 성취 목표를 넣고 싶을 수도 있습니다. 그래서 자율성 존중을 통해 배움을 증진시키고 수행 목표는 줄여서 최종적으로 긍정적 결과를 낳을 수 있도록 할 수 있습니다. 여러분이 정하면 됩니다. 떠오르는 생각을 적어보십시오. 여러분이 이 과정에서 배운 것들을 어떤 방식으로든 적용하여 평생 이를 단련할 수 있는 기회를 가져보기 바랍니다. 적용 방법은 무궁무진 할 것입니다. 여러분 모두에게 행운을 빕니다.

되돌아 보고 앞으로 갈 길

다시 말하지만, 정말 먼 길을 오느라 고생 많으셨습니다. 부디 이 코스가 여러분이 늘 알고 있던 사실을 확신하는 동시에 몰랐던 사실을 새롭게 배워가는 기회가 되었기를 빕니다. 여러분에게 끝으로 남기고 싶은 말은 바로 '동기부여 이론은 현실적'이라는 점입니다. 동기부여 이론을 통해서 어떻게 하면 우리 자신과 다른 이에게서 최상의 것을 끌어낼 수 있을지를 이해할 수 있게 됩니다. 이는 긍정심리학의 진정한 목표라고 할 수 있지요.

마지막 코스 과제

이번 코스에서 가장 흥미롭고 유용했던 사실들을 요약 및 정리하고 그리고 나서 여러분의 삶에서 실제 상황에 적용하는 내용의 글을 600단어 정도로 적어 보세요. 이는 모든 것을 종합해서 여러분이 납득하는 부분을 상세히 표현할 수 있는 기회입니다. 특별히 맞는 답을 기대하는 것이 아닙니다. 여러분이 이 과정에서 다룬 개념들에 대해서 신중하고 심도 있게 생각했음을 보여주기 위한 과정일 뿐입니다.

참고문헌

2주차

1. Deci, E. L., & Ryan, R. M. (1985). Intrinsic motivation and self-determination in human behavior. New York: Plenum.

2. Kohn, A. (1993). Punished by rewards: The trouble with gold stars, incentive plans, A's, praise, and other bribes. Boston, MA, USA: Houghton Mifflin Co.

3. Deci, E. L., & Ryan, R. M. (1985). Intrinsic motivation and self-determination in human behavior. New York: Plenum

4. Ryan, R. M. & Stiller, J. (1991). The social contexts of internalization: Parent and teacher influences on autonomy, motivation, and learning. Advances in Motivation and Achievement, 7, 115-149.

5. Sheldon, K. M., Turban, D.V., Brown, K., Barrick, M., & Judge, T. (2003). Applying self-determination theory to organizational research (pp 357-394). Research in Personnel and Human Resources Management, Vol. 22. Amsterdam: Elsevier.

6. Sheldon, K. M., Turban, D.V., Brown, K., Barrick, M., & Judge, T. (2003). Applying self-determination theory to organizational research (pp 357-394). Research in Personnel and Human Resources Management, Vol. 22. Amsterdam: Elsevier.

7. Abad, N., & Sheldon, K. M. (in press). Parental autonomy-support and ethnic culture identification among second-generation immigrants. Journal of Family Psychology.

8. Chandler, C. L., & Connell, J. P. (1987). Children's intrinsic, extrinsic, and internalised motivation: Adevelopmental study of children's reasons for liked and disliked behaviours. British Journal of Developmental Psychology, 5, 357-365.

9. Deci, E. L., & Ryan, R. M. (1985). Intrinsic motivation and self-determination in human behavior. New York: Plenum.

10. Kasser, T. (2002). The high price of materialism. Cambridge, MA: MIT Press.

11. Vansteenkiste, M., Simons, J., Lens, W., Sheldon, K.M., & Deci, E. (2004). Motivating processing,

performance, and persistence: The synergistic role of intrinsic goal content and autonomy-supportive context. Journal of Personality and Social Psychology, 87, 246-260.

12. Sheldon, K. M., Ryan, R., Deci, E., & Kasser, T. (2004). The independent effects of goal contents and motives on well-being: It's both what you pursue and why you pursue it. Personality and Social Psychology Bulletin, 30, 475-486.

13. Deci, E. L., & Ryan, R. M. (2000). The "what" and "why" of goal pursuits: Human needs and the self-determination of behavior. Psychological Inquiry, 11, 227-268.

3주차

1. Carver, C., & Scheier, M. (1998). On the self-regulation of behavior. Cambridge, UK: Cambridge University Press.

2. Carver, C., & Scheier, M. (1998). On the self-regulation of behavior. Cambridge, UK: Cambridge University Press.

3. Emmons, R. A., & King, L. (1988). Conflict among personal strivings: Immediate and long-term implications for psychological and physical wellbeing. Journal of Personality and Social Psychology, 54, 10401048.

4. Bandura, A. (1997). Self-efficacy: The exercise of control. New York, N.Y: Freeman and Co.

5. Taylor, S. E., Kemeny, M. E., Reed, G. M., Bower, J. E., & Gruenewald, T. L.(2000). Psychological resources, positive illusions, and health. American Psychologist, 55, 99-109.

6. Gollwitzer, P. M. (1999). Implementation intentions: Strong effects of simple plans. American Psychologist, 54, 493-503.

7. Bargh, J. A., Gollwitzer, P. M., Lee-Chai, A., Barndollar, K., & Troetschel, R.(2001). The automated will: Nonconscious activation and pursuit of behavioural goals. Journal of Personality and Social Psychology, 81, 1014-1027

8. Elliot, A.J., & Sheldon, K.M. (1998). Avoidance personal goals and the personality-illness relationship. Journal of Personality and Social Psychology, 75, 1282-1299

9. Sheldon, K. M. & Elliot, A.J. (1999). Goal striving, need-satisfaction, and longitudinal well-being:

The Self-Concordance Model. Journal of Personality and Social Psychology, 76, 482-497.

10. Sheldon, K. M. (2002). The self-concordance model of healthy goal-striving: When personal goals correctly represent the person. In E.L. Deci & R.M. Ryan(Eds.), Handbook of self-determination research(pp. 65-86). Rochester, NY: University of Rochester Press.

11. Elliot, A. J., Maier, M. A., Moller, A. C., Friedman, R., & Meinhardt, J. (2007). Color and psychological functioning: The effect of red on performance attainment. Journal of Experimental Psychology: General, 136, 154-168.

4주차

1. Dweck, C. S. (1999) Self-theories: Their role in motivation, personality, and development. New York: Psychology Press.

2. Dweck, C. S. (2002). Beliefs that make smart people dumb. In R. J. Sternberg(Ed), Why smart people can be so stupid(pp. 24-41). New Haven, CT: Yale University Press.

3. Dweck, C. S., & Leggett, E. L. (1988). A social-cognitive approach to motivation and personality. Psychological Review, 95(2), 256-273.

4. Dweck, C. S. (1999) Self-theories: Their role in motivation, personality, and development. New York: Psychology Press.

5. Elliott, A. J. Shell, M. M., Henry, K. B., & Maier, M. A. (2005). Achievement goals, performance contingencies, and performance attainment: An experimental test Journal of Educational Psychology, 97(4), 630-640.

6. Elliot, A. J. (2006). The hierarchical model of approach-avoidance motivation. Motivation and Emotion, 30(2), 111-116.

7. Elliot, A. J. (2006). The hierarchical model of approach-avoidance motivation. Motivation and Emotion, 30(2), 111-116.

5주차

1. Deci, E. L. & Ryan, R. M. (1987). The support of autonomy and the control of behavior. Journal

of Personality and Social Psychology, 53, 1024-1037.

2. Dweck, C. S. (1999) Self-theories: Their role in motivation, personality, and development. New York: Psychology Press.

3. Mueller, C. M., & Dweck, C. S. (1998). Praise for intelligence can undermine children's motivation and performance. Journal of Personality and Social Psychology, 75, 33-52.

4. Rath, T., & Clifton, D. O. (2004). How full is your bucket? Positive strategies for work and life. New York: Gallup Press.

6주차

1. Dweck, C. S. (1999) Self-theories: Their role in motivation, personality, and development. New York: Psychology Press.

2. Sheldon, K. M., Elliot, A. J., Kim, Y., & Kasser, T. (2001). What's satisfying about satisfying events? Comparing ten candidate psychological needs. Journal of Personality and Social Psychology, 80, 325-339.

3. Deci, E. L., & Ryan, R. M. (2000). The "what" and "why" of goal pursuits: Human needs and the self-determination of behaviour. Psychological Inquiry, 11, 227- 268.

4. White, R. W. (1959). Motivation reconsidered: The concept of competence. Psychological Review, 66, 297-333.

5. Sheldon, K. M. & Krieger, L. K. (2007). Understanding the negative effects of legal education on law students: A longitudinal test and extension of selfdetermination theory. Personality and Social Psychology Bulletin, 33, 883-897.

추가 읽을 거리

다음 목록은 코스에서 다룬 다양한 주제들과 관련된 참고 자료들입니다.

1. Deci, E. L., & Ryan, R. M. (2000). The "what" and "why" of goal pursuits: Human needs and the self-determination of behaviour. Psychological Inquiry, 11, 227-268.
자기결정이론과 그 이론의 과학적 근거를 전반적으로 가장 잘 설명한 자료라고 할 수 있습니다. 학술지 〈심리학 탐구: Psychological Inquiry〉에 출간하고, 그 뒤에 다른 연구자들의 의견과 이에 대한 답변도 실었습니다. 궁금하시면 전문가 의견과 최종 답변도 구하실 수 있습니다.
https://selfdeterminationtheory.org/SDT/documents/2000_DeciRyan_PIWhatWhy.pdf

2. Gagne, M., & Deci, E. L. (2005). Self-determination theory and work motivation. Journal of Organizational Behaviour, 26, 331-362.
자기결정이론과 조직에서의 이론 적용을 정리해 놓은 자료입니다.
http://theories-frameworks-models.wikispaces.asu.edu/file/view/gagne+and+deci-self+determination+theory+and+work+motivation.pdf

3. Vansteenkiste, M., Lens, W., & Deci, E. L. (2006). Intrinsic versus extrinsic goal contents in self-determination theory: Another look at the quality of academic motivation. Educational Psychologist, 41, 19-31.
자기결정이론과 학계 및 교육에서의 이론 적용을 정리해 놓은 자료입니다.
https://selfdeterminationtheory.org/SDT/documents/2006_VansteenkisteLensDeci_InstrinsicvExtrinsicGoal_EP.pdf

4. 성공의 새로운 심리학(Mindset: The new psychology of success), 캐롤 드웩 저. 부글북스
스탠포드 대학교 심리학과 캐롤드웩 교수의 가장 최근 저서로, 성취와 내재동기, 성장 마인드셋에 대한 개념과 방법들이 담겨있습니다.

블룸북 | 긍정 동기부여

ⓒ 케논 쉘던

초판 1쇄 발행 2017년 9월 8일

지은이	케논 쉘던
옮긴이	송단비
감수	박정효
에디터	박정희, 임용대

펴낸이	박정효
편집	좋은땅 편집팀
펴낸곳	블룸컴퍼니(주)
출판등록	제2017-000040호
주소	서울 서초구 양재천로21길 9 5층(양재동, 화암빌딩)
전화	070-4618-2606
이메일	ask@bloomhappiness.com
홈페이지	www.bloomhappiness.com

ISBN   979-11-960417-7-9 (04180)
ISBN   979-11-960417-0-0 (세트)

이 도서의 국립중앙도서관 출판시 도서목록(CIP)은 서지정보유통지원시스템 홈페이지(http://seoji.nl.go.kr)와 국가자료공동목록시스템 (http://www.nl.go.kr/kolisnet)에서 이용하실 수 있습니다. (CIP제어번호 : CIP2017022657)